세기의 철학자들은
무엇을 묻고 어떻게 답했는가

그들의 물음을 통해 다시 쓰는 철학사

세기의 철학자들은
무엇을 묻고 어떻게 답했는가

그들의 물음을 통해 다시 쓰는 철학사

| 박남희 지음 |

세계사

철학사를 공부하는 일은, 지성인으로서 갖추어야 할 학문적 토대와 교양인으로 갖추어야 할 다양한 지식의 습득만이 아니라, 실제로 인간이 마주하는 문제들을 어떻게 묻고 답하며 오늘에 이르렀는가 하는 사유함을 통해 오늘 지금 내가 마주하는 현실에 대해 나 또한 무엇을 어떻게 해야 하는가 하는 나의 철학함을 이루기 위한 일이기도 하다.

이 책은 철학에 관심을 기울이지 못하는 현대인들, 필요는 느끼나 철학서를 대하기 힘들어하는 사람들, 철학사를 읽기는 하나 어려워 금방 포기하고 마는 학생들, 모두가 같이 다시 읽어나가기를 희망하면서 써나갔다. 가능한 쉽고 간결하게 그러나 핵심적인 사상은 포괄할 수 있도록, 특히 책보다는 스마트폰과 컴퓨터에 길들여진 친구들을 위하여 한눈에 들어올 수 있도록, 가능한 단락을 나누어 호흡과 여유를 가져보려 하였다.

기존의 철학사가 단순히 시대나 학자 중심으로 기술하였다면, 이 책은 시간의 흐름 속에 사람들이 어떤 문제의식 속에서 살아왔고, 또 어떤 문제에서 어떤 방향으로 변화해나갔는가에 초점을 맞추었다. 이를 위해 각 시대와 사상을 대표하는 학자를 중심으로 논하되 철학자의 사상을보다 쉽게 이해하기 위한 방안으로 철학사상의 핵심적인 키워드와 대표 저서를 중심으로 철학자의 삶과 사상을 관련시키며 기술하였다. 외국어 표기는 기본적으로 영어로 하되 가능한 해당 나라의 언어로 표기하려고 하였다.

이 책은 2014년에 출간한 것을 수정, 보완한다고 하였지만 그래도 여전히 많은 부분이 미진하고 아쉬움이 남는 것은 어쩔 수 없다. 하지만 이로 인하여 지평을 넓히고 새로운 시선을 갖는 이들이 있다면 그것만으로도 내게 충분히 의미 리라 생각한다. 이 일과 더불어 나 역시도 더욱 정진하는 계기가 되었으리라 믿기에.

2019년 1월 이 새로운 원년이 되기를 희망하면서
경희궁에서
박 남 희

차례

4. 근대: 신에서 인간이성으로

5. 현대: 다양성을 추구하는 사람들

들어가며

우리는 왜 철학을 이야기하는 것일까

우리는 지금 왜 철학을 이야기하는가? 철학이란 도대체 어떤 학문이기에 효율성과 유용성을 중시하는 이 시대에, 많은 일들에 치여 바빼 살아가고 있는 우리가 실제 생활에 별로 도움도 될 것 같지 않은 철학을 이야기하는 것일까? 철학은 혹 경제적으로 그리고 시간적으로 여유가 있는 한가한 사람들이 누리는 정신적 사치는 아닌가. 그렇지 않다면 철학은 우리에게 어떤 의미가 있는 것일까?

철학에 대한 의구심은 비단 이 시대만의 문제는 아닌 것 같다. 기원전 7세기 밀레토스에 살았던 사람들도 우리와 비슷한 물음을 물었다. 당시 유럽과 아프리카, 아시아를 잇는 해상의 요충지로서 다양하고 많은 물자가 넘쳐났던 밀레토스의 사람들도 상대적으로 궁핍한 삶을 살아가는 철학자들을 보며 철학의 무용성을 제기하였다.

이에 대해 철학자 탈레스는 사람들의 의구심을 불식시키기 위해 실제 생활 속에서 철학의 유용성을 증명해 보인다.

그는 올리브가 풍년이 들자 이를 사들였다가 흉년이 든 이듬 해에 내다 팔아 큰 이익을 취함으로 철학자도 철학적 통찰력을 활용하여 얼마든지 경제적 이익을 취할 수 있음을 보여준다. 그러나 그는 철학자는 물질을 소유하거나 경제적 이익을 취하기보다는 사물의 본성이나 근원과 같은, 보다 궁극적인 일에 관심을 가지는 사람으로 철학은 바로 이러한 일을 다루는 학문임을 이야기한다.

그 이유는 무엇일까. 왜 이들은 드러난 현상 외에 드러나지 않은 사물의 배후나 이유, 근거 등에 관심을 가지는 것일까. 그것은 사람은 다른 생명체와 달리 생각을 함으로 살아가는 존재라는 데 있다. 그리스, 로마 신화는 이에 대해 다음과 같이 이야기한다. 신은 세상에 모든 것들을 만든 후에 그것들이 이 세상에서 계속하여 살아갈 수 있는 길을 마련해주었다는 것이다. 다시 말해 사자에게는 강한 힘, 악어에게는 날카로운 이빨, 치타에게는 빨리 달릴 수 있는 다리, 독수리에게는 날개를 주었듯이 개나 돼지에게는 짧은 배임 기간을 주거나, 물고기처럼 한꺼번에 수만 마리를 낳는 능력 내지는 초식동물들처럼 태어나자마자 내리달릴 수 있는 특정한 신체적 구조와 힘을, 그리고 파충류와 같이 자신의 몸 형태나 온도 또는 색깔을 변화시킬 수 있는 능력 등을 주어 모든 생명체들이 그들이 생명을 유지하고 종족을 번영할 수 있는 방도를 신은 하나씩 주었다는 것이다. 그런데 모든 것을 주고 나서 보니 정작 사람에게는 아무것도 줄 것이 없게 된 신은 어쩔 수 없이 자신의 능력인 생각하는 힘의 일부를 사람에게 나누어 주었다고 한다.

이 이야기는 다른 생명체와 달리 사람은 생각을 하는 존재임을 말해준다. 르네 데카르트(René Descartes, 1596~1650)가 '나는 생각한다. 고로 존재한다.(cogito ergo sum)'라고 하듯이 사람은 무엇을 가지거나 있어서가 아니라 생각하기에 살아가는 존재라는 사실이다. 생각을 하기에 사람은 자신이 부족을 깨닫고 이를 넘어서 보다 나은 완전을 추구하기에 살아갈 수 있다는 말이다. 때문에 우리는 사람의 정체성을 '생각하는 일'에서 찾는다.

사람은 생각을 하기에 이전과 달리 자신의 삶을 만들어간다. 그러므로 사람은 주어진 대로가 아니라 자신에게 알맞은 환경을 스스로 만들어 산다. 자연 상태에서는 가장 열악한 사람이 가장 월등한 문명사회를 만들어 사는 까닭이 바로 여기에 있다. 사람은 생각하기에 마주하는 모든 것들에 대해 물음을 물으며 이전과 달리 새로움을 만들어 사는 것이다.

물을 수 있는 사람만이 새로운 세계를 열어가는 것이다. 무엇을 어떻게 생각하는가 하는 문제는 그런 의미에서 곧 어떻게 새로운 세계를 만들어 살 것인가 하는 문제라 하겠다.

철학은 바로 이러한 일을 다룬다. 철학은 사실을 언명하는 방법, 즉 무엇은 무엇이라고 단정 짓고 규정짓는 작업이나 놀라움과 감격을 드러내는 감탄의 방식과는 달리 의구심과 호기심을 나타내는 물음의 형식을 통하여 보다 근원적이고 심층적인 길을 열어간다. 철학은 물음을 통해서 시선을 달리하고, 관점을 달리하며, 인식을 전환하면서, 때로는 비판과 분석을, 때로는 다양한 이해와 해석을 통해 생각을 보다 깊고 넓게 천착해간다. 때문에 우리는 철학을 통해 지금 내가 무엇을 어떻게 하며 있는지 그리고 왜 그렇게 해야 하는지를 돌아보며 보다 사람다운 삶, 아름다운 사회를 이루어가는 것이다.

그러나 언제부터인가 우리는 물음을 던지지 않는다. 기술과 자본이 결합하여 낳은 환상 속에서 물음을 잃어버린 사람들은 단지 자본의 논리에 따라 '빨리'보다 '많이'를 외치며 마치 브레이크가 파열된 자동차처럼 앞으로 내리 달릴 뿐, 자신이 누구인지 어디를 향해 질주하는지 등에 대해서 묻지 않는다. 사람들은 다만 풍요로운 물질과 과학이 주는 편리함 속에서 오직 물질을 얻고 쓰기 위한 무한투쟁에 몰두할 뿐이다. 황금만능주의와 성과주의의 덫에 걸려 소비성장의 메커니즘의 한 부속품이 되어 살아가는 사람들은 자신이 주체로서가 아니라 오히려 살아짐을 당하며 있다.

자신의 의지가 아닌 타인의 잣대에 의해 내몰려진 삶은 결코 건강할 수가 없다. 이런 사람들이 만들어가는 사회 또한 건강할 수 없음은 너무도 자명한 사실이다. 타율에 의해 살아짐을 당하는 사람들은 삶의 의미상실로 인한 어려움 속에서 도덕적 해이와 가족의 해체와 같은 다양한 병리 현상에 시달리며 있다. 알코올 소비량, 자동차 사고, 이혼율, 사교육비, 청소년 범죄율, 청소년 자살률, 낙태율, 노인 자살률, 결혼과 출산율, 성매매 등에서 볼 수 있듯이 한국 사회는 이미 다양한 병리 현상이 사회 전반에 만연되어 있다. 남녀노소를 불문하고 가중되는 삶의 무게로 인하여 사람들은 다양한 사회병리 현상에 시달리고 있는 것이다.

이에 위기의식을 느낀 사람들은 경제적 가치를 넘어 건강에 관심을 기울이고 죽음의 문제에 목도하며 철학적인 물음을 물어나간다. 이는 단순히 선호의 문제가 아니라 한 사회의 궤적과도 관련이 깊다. 즉 한 사회가 무엇을 최우선적 가치로 여기는가에 따라 그 사회 구성원들의 향방도 달라지기 때문이다. 우리가 다시 철학을 요청하는 까닭이 여기에 있다. 철학은 개인적인 측면만 아니라 한 사회의 가치를 정향하면서 사람이 사람답게 살아갈 수 있는 사회를 새롭게 창출하기 때문이다.

철학은 현실과 괴리된 추상화된 관념의 놀이가 아니라 구체적 현실 앞에서 무엇을 어떻게 해야 하는가를 묻고 행하는 일이다. 철학자는 그런 의미에서 누구보다도 현실의 다양한 문제 앞에서 철저하게 고뇌하며 이를 극복해가고자 하는 사람들이라 할 수 있다. 때문에 우리는 이들로부터 지금 우리가 당면한 문제를 해소해갈 수 있는 지혜를 얻는다. 그러므로 우리와 다른 시간과 공간을 살았던 사람들은 도대체 무엇을 묻고 어떻게 답을 구하며 새로운 세계를 열어나갔는지를 알아보는 일은 단순히 과거를 돌아보는 일이 아니라 지금 여기에서 마주하는 일들을 어떻게 달리 새롭게 이해하며 이전과 달리 나아갈 것인가를 궁구하는 일이다.

시대마다 달리하는 물음들

생각하는 사람들은 자신들 앞에 놓여 있는 문제들에 대해 묻기 마련이다. 오늘 우리가 당면한 문제는 무엇인가. 이에 대해 묻기 전에, 우리보다 앞서 살아간 사람들이 무엇과 마주하며 물음을 물었고 어떻게 답을 구해갔는가에 대해 알아보자. 이는 단순한 과거로의 회귀가 아니라 미래를 위한 신중한 고려이다.

아주 오래전 사람들은 자연과 더불어 살던 사람들은 '자연'에 대해 묻고 자연 안에서 답을 구한다. 그들은 자신들을 둘러싸고 있는 자연을 바라보며 왜 모든 것은 없지 않고 있는지, 만물은 어떻게 해서 생겨났는지, 왜 그것들은 그대로 있지 않고 늘 변화하며 있는지, 변화는 어떻게 하여 있게 되는지, 그리고 이러한 변화는 도대체 어디서 어디로 진행되는지에 대해 물었다. 이때 변화하는 가운데 변화하지 않는 것을 실재(實在, reality)라 이름하며 이를 모든 것의 원인이자 토대로 이야기한다. 뿐만 아니라 이들은 실재가 하나인지 여럿인지 또 물질로 되어 있는지 아니면 비물질적인 것인지에 대해서도 논의를 해나간다.

그러나 시간의 흐름과 더불어 해명할 수 없는 자연에 대한 물음보다는 변화하는 세계에서 어떻게 살아야 하는가에 관심을 갖기 시작하는 사람들은 물음의 대상을 '자연'에서 '사람'으로 바꾸어간다. 이는 사람들이 자연이 주는 두려움에서 어느 정도 자유로워졌음을 의미한다. 반복되는 경험과 관찰을 통해 자연을 활용하여 살 수 있는 지식과 지혜를 터득하면서 사람들은 자연에 이끌려 다니는 유랑생활보다 한 곳에 안주하는 정착된 삶을 선호하면서 자연스레 관심을 자연에서 사람에게로 집중하는 것이다. 왜냐하면 정착 생활로 인하여 사람과 사람 사이의 관계가 중요한 문제로 부상하는 탓이다.

자유로운 혈통 중심의 느슨한 공동체로부터 보다 강력한 결속과 확대를 지향하는 지역 중심의 공동체로 바뀌면서 사람들은 이를 결속, 확대 유지해가기 위한 새로운 질서와 도덕, 지도자를 요청한다. 그리고 그 정당성을 진리의 이름으로 구한다. 자연적-물질적 특성을 가진 이전의 공동체와 달리 비물질적이고 추상적이며 관념적인 것에서 진리를 새롭게 개진하는 고대인은 사람에 대한 이해도 달리한다. 이제 사람은 이전과 같은 자연적-물질적 존재가 아니라 비물질적인 영혼을 가진 새로운 존재로 태어나는 것이다.

증대되는 비가시적인 세계에 대한 관심은 현실과는 다른 새로운 세계를 상정하면서 종교의 시대를 열어간다. 이 세계를 초월해 있는 세계는 완전자, '신'이 거하는 실재하는 세계로 우리가 존재하기 이전부터 있던 세계이다. 이제 모든 것은 신의 이름으로 재편되면서 신은 우리의 삶의 이유와 목적이 된다. 때문에 오직 신의 실재함과 신의 영원함, 완전함, 선함 등과 관련하여 신에 의한 창조, 은총, 구원의 문제에만 사람들은 관심을 쏟을 뿐이다.

그러나 성전이라는 이름으로 이방 세계로 세력을 확장해 가던 중세인들은 실상 어려움에 봉착하자 신의 존재에 대해 회의하기 시작한다. 신이란 단지 이름뿐 실재하는 것은 아니지 않느냐며 신의 실재에 대해 의문을 갖는 것이다. 이로 인하여 촉발된 '신 존재 증명'은 다시 신 인식 가능성에 대한 논쟁을 불러일으킨다. 불완전한 사람이 어떻게 완전한 신을 알 수 있는가 하는 것이다. 그리고 인간 이성으로 인식 불가능한 것에 대해서는 침묵해야 한다며 근대인은 모든 논의를 인간 이성으로 인식 가능한 것으로 제한시킨다. 그러나 문제는 사람마다 달리하는 인식의 차이를 어떻게 하나의 보편타당한 학문으로 삼을 수 있는가 하는 것이다.

이성의 한계 안에서 보편타당성을 확보하기 위한 사람들의 노력은 이성의 '합리성'과 '객관성'에 기초한 새로운 진리 개념을 요청하며, 시간과 공간을 초월해 언제 어디서나 동일하게 작동하는 원리, 즉 '동일성의 논리'에 근거한 진리를 새롭게 제창한다. '인간 이성'이 신의 이름을 대신하여 진리의 옷을 입는 것이다. 근대가 수직적 신분 사회를 타파하고 자유와 평등에 근거한 시민국가를 새롭게 탄생시키며 반복 가능성을 전제로 하는 '과학'의 발달을 낳은 까닭도 바로 이러한 동일성의 논리에 근거한다.

반면에 발달된 과학기기에 힘입은 열강들의 팽창정책은 물질의 확보와 이에 따른 분배로 인한 자본주의와 공산주의의 출현을 가져오면서 급기야 이로 인한 충돌과 전쟁을 야기하고 만다. 이때 개인의 자유로운 의사와 관계없이 전쟁으로 내몰린 사람들의 희생은 무엇을 위한 것인가를 물으며 사람들은 개인의 실존적인 문제에 관심을 갖기 시작한다. 그리고 사람들은 과학의 발전이라는 명목하에 도외시하였던 개인의 자유와 인권의 문제에 대해 관심을 집중하면서 국가의 역할은 무엇이며 개인의 권리와 의무는 어디까지인가에 대해 묻는다. 그리고 발전이라는 명목 하에 남용하고 파괴하고 오염시켜 나간 삶의 터로서의 세계에 대한 관심과 더불어 잃어버린 인간성과 도덕 윤리 등에 다시 주목하기 시작한다.

현대는 이 모든 문제의 원인을 근대가 추종했던 동일성의 논리에서 찾으며 근대가 지워나간 '차이'를 다시 살려내고자 한다. 그 무엇으로도 대치할 수 없는 그것이 그것일 수 있는 그것만의 존재성을 같음이 아닌 차이에서 구하는 현대는 '다양성'의 논리에 근거한 새로운 진리를 주창한다. 현대는 어떤 하나에 의해서가 아니라 다양한 것이 모두 함께 역동적으로 작용하는 진리를 표방하는 것이다. 이제 진리는 그 무엇이 아니라 늘 달리 새롭게 만들어가는 일 그 자체이다.

어떤 것 하나로 모든 것을 채색하거나 특정한 것을 중심으로 정상과 비정상을 나눈다거나 다수에 의해 소수를 억압하지 않고 모든 것들과 함께하는 가운데 늘 달리 새롭게 나아오는 일에서 현대는 진리를 언명한다. 현대는 현실의 구체적인 자리를 떠나 추상성에서 진리를 찾는 것이 아니라 지금 여기에서 구체적으로 일어나는 '생성'의 바로 그 일에서 진리를 구하는 것이다. 이성만이 아니라 감성도, 정신만이 아니라 육체도, 이론만이 아니라 실천도 중시하면서 현대는 모든 것을 하나로 통합하는 새로운 진리를 개진한다. 현대에서 예술이 중요하게 여겨지는 까닭이 바로 여기에 있다.

그렇다면 미래사회는 어떨까. 미래에서 사람들은 무엇에 대해 묻고 어떻게 답할 것인가. 구체적이고 현실적이고 가시적인 것들에 대해 재인식하게 된 사람들과 몸, 운동, 레저 등에 점점 더 관심이 집중되는 사회현상은 무관한 것일까. 과학의 발전과 더불어 모든 것을 가시화하려는 사람들의 욕망은 기계화와 더불어 가상의 공간을 창출하고 그 안에서 다양한 이미지를 연출하면서 이를 소비하고자 하는 경향이 있다.

현실과 가상의 구분이 모호한 세계에서 사람들은 어떤 삶, 가치를 추구할 것인가. 미래사회에서도 여전히 지금과 같은 국가, 공동체가 유지될까. 아니면 새로운 공동체가 출현할 것인가. 또 우리 자신은 어떻게 변화해갈 것인가. 그때도 우리는 여전히 우리를 사람이라고 할 수 있을까. 아니면 새로운 종의 출현으로 보아야 할 것인가. 우리는 도대체 어디에서 어디로 가고 있는 것일까. 이러한 변화는 필연적인 것인가 아니면 우연적으로 전개되는 것인가. 미래란 단순히 새로운 것이 아니라 지난 시간에 대한 물음을 통해서 이전과 다르게 만들어가는 것이라 한다면 지금 우리는 무엇을 어떻게 해야 할 것인가.

시대	관심			공동체	추구	토대	설명
자연시대	자연	몸		혈육공동체	개별성	물리	변화
고대	철학	이성		지역공동체	보편성	기하	실재
중세	종교	영혼		종교공동체	초월성	신학	믿음
근대	과학	정신		정치공동체	동일성	수학	실체
현대	예술	감성		문화공동체	차이성	언어	운동
미래	레저?	통감?		가상공동체?	관계성?	?	?

각각의 시대가 추구한 문제들

우리는 왜 철학을 이야기하는 것일까
왜 밀레토스인가
사물의 근본 실체는 무엇인가
왜 모든 것은 변화하며 있는가
다양한 사물이 생겨난 원인은 무엇인가
사물과 그것의 원리는 같은 것인가 다른 것인가
실재하는 것임으로부터 우리는 무엇을 아는가
무엇이 진리인가
진리는 어디에 있는가
무엇이 우리를 행복하게 하는가
무엇이 우리를 구원하는가
신은 어떻게 실재하는가
신도 사물처럼 실재하는가
신은 이름뿐인가
우리는 어떻게 신에 이르는가
우리는 참다운 지식에 이를 수 있는가
우리가 아는 것은 무엇인가
어떤 공동체이어야 하는가
실존에 대한 물음으로
형이상학은 무엇인가
참다운 인간의 본성은 무엇인가
이미지에 의해서 지배되는 사회에서 무엇이 사상인가
자본주의 사회 이후를 내다보며

1

자연시대

;

자연 안에서 자연에 대해 묻고
자연으로 답하다

왜 밀레토스인가

사람들은 왜 철학의 시발을 밀레토스(Miletos)에서 찾는가. 그 이전에는 그리고 다른 공동체에서는 철학적 물음을 묻지 않았는가. 도대체 우리는 무엇에 근거하여 철학의 시작을 밀레토스에서 시작하는가. 이에 대하여 우리는 다음과 같이 생각해볼 수 있다. 먼저 그들이 사람이 물을 수 있는 가장 기본적이고 보편적인 물음들을 비교적 논리적으로 물어갔다는 입장에서, 둘째는 서양인들의 관점에서, 그리고 세 번째는 세계가 서구인들에 의해서 이루어지고 있다는 헤게모니의 관점에서 생각해볼 수 있다.

서구인들이 밀레토스를 철학의 출발로 여기는 것은 밀레토스 이전에는 비교적 체계적으로 물음을 전개해 나온 것들이 전해져 오지 않기 때문일 것이다. 그래서 우리가 물을 수 있는 이전의 모든 물음을 밀레토스라는 이름하에 포괄시켜서 다루는 것일지도 모른다. 그렇다면 밀레토스에서 이러한 물음들이 가능할 수 있었던 까닭은 무엇일까. 그것은 밀레토스가 당시 해상무역의 중심지였다는 점과 연관하여 생각해볼 수 있을 것이다. 늘 새로운 문물이 드나들던 곳이기에 낯

설고 이질적인 것들에 대해 의문과 도전을 하는 사람들이 많았을 것이다. 그래서 이전과 달리 그들은 자신들의 생각을 다양하게 물어 나가며 일군의 철학자 집단을 형성할 수 있었다고 볼 수 있다.

그렇다 하여도 왜 밀레토스인가 하는 문제는 밀레토스가 위치한 지정학적 위치와 관련하여 생각해보지 않을 수 없다. 밀레토스는 다른 많은 항구도시와 달리 지정학적으로 아프리카 아시아 유럽을 잇는 지역으로서 당시의 교통수단인 해상교통의 중심에 자리했다는 점을 상기해볼 수 있다. 그렇기에 당시의 지식인들이 그곳으로 몰려들었을 것이라고 추측해보는 것은 어려운 일이 아니다.

그래도 여전히 남는 것이 있다. 그것은 시간을 밀레토스 이전의 시대로 소급해갈 경우 서구인의 정신사는 중앙아시아로 귀속될 소지가 크다는 점이다. 이는 유럽 공동체(EU)가 그리스와 터키를 공동체원으로 기꺼워하지 않는 이유와 마찬가지로 서구인의 입장에서 결코 바람직한 일은 아니다. 특히 정신의 절대적 우위를 이야기하는 서구 지성사에서 이는 자신들의 뿌리를 흔드는 일이 아닐 수 없다. 지구는 둥글고 문화는 서로 영향을 늘 주고받는 것이라 한다면 그 시발을 언제 어디로 하는가 하는 것은 사실의 문제라 하기보다는 그 것을 그렇게 말하고자 하는 사람들의 의도가 내포되어 있기 마련이다. 따라서 우리는 밀레토스로부터 시발을 하려 하는 그들의 의도를 놓쳐서는 안 될 것이다.

그렇다면 우리는 왜 이들의 정신사를 공부하는 것인가. 우리는 이러한 물음에 대해 어떻게 이야기할 수 있을 것인 가. 우리가 이들을 다루는 것은 사대주의인가. 아니면 종속 논리인가. 아니면 우리와 다른 것에 대한 학문적 호기심인 가. 그것도 아니라면 인간이 물을 수 있는 보편적 물음을 이 들이 가장 잘 보여주기 때문인가. 우리는 무엇 때문에 이들 의 물음에 관심을 가지는가.

세계를 살아가는 보편적 지식과 배움 때문이라 한다면 이 와 더불어 우리가 챙겨야 하는 것은 무엇인가. 우리는 이들 의 물음을 통해서 얻고자 하는 것이 무엇인가. 이들의 물음 이 단순히 우리가 묻는 것이 아니라 해서 배격한다면 우리 는 지금보다 더 잘 살 수 있을까. 그것이 누가 묻는가보다 내 가 이를 어떻게 이해하며 나의 삶에 적용할 것인가 하는 것 이 더 중요하다면 이들의 물음은 시대와 공동체를 떠나 귀하 게 다루어야 할 필요가 있다. 더욱이 이들이 우리가 물을 수 있는 모든 물음을 담지하고 있다면 더욱 그러하다. 그런 의미에서 비록 우리와 시간과 공간을 달리하지만 자신들이 처한 현실에서 진지하게 물음을 물어나간 이들이 묻고 추구해 나간 일들에 대해 알아보는 것은 오늘 우리가 당면한 문제를 위해서도 매우 중요한 일이 아닐 수 없다.

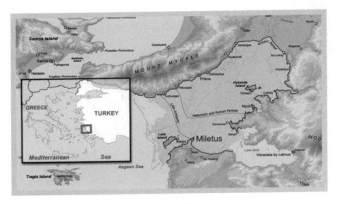

밀레토스 지역

물음으로 길을 내는 사람들

사물의 근본 실재는 무엇인가

탈레스

밀레토스에서 물음을 처음으로 전개하는 사람은 탈레스(Thales, B.C 624~B.C 546?)이다. 그는 자신이 바라보는 모든 자연물이 왜 없지 않고 있는지에 대해 묻는다. 그는 이 세상에 존재하는 모든 사물은 하나의 근본 물질에서 파생된 것이라 하면서 이를 '물'에서 찾는다. 그는 만물은 물이 변화하여 된 것이라 하는 것이다.

그렇다면 탈레스는 왜 물을 모든 만물을 있게 한 근본 물질로 이야기하는 것일까. 그가 볼 때 모든 생명은 물과 더불어 성장하고 물로 되돌아가기 때문일까. 아니면 탈레스가 밀레토스에서 목도한 것은 다름 아닌 너른 바다, 물이었기 때문이었을까. 그래서 살아가는 데 필요한 모든 것들을 바다에서 구하며 이를 통해서 대부분의 사람들이 살아가기 때문이었을까.

왜 모든 것은 변화하며 있는가

아낙시만드로스

밀레토스에 살던 모든 사람들이 그렇다고 모두 탈레스처럼 생각한 것은 아니다. 그의 제자 아낙시만드로스(Anaximandros, B.C 611~B.C 549)는 선생과 달리 형체를 가지는 것은 다른 것의 원인이 될 수 없다며 물이 아닌 '비결정적인 무한성'을 모든 것의 원인으로 이야기한다. 그는 이 비결정적 무한성의 분리운동에 의해 온기와 냉기 그리고 습기가 만들어지고 나아가 구체적 모습을 띤 땅과 공기 그리고 만물이 있게 되는 것이라 한다. 그에 의하면 생명체는 환경의 변화에 따라 물에서 육지로 자연 발생적으로 생겨난 것이라 하는 것이다.

이처럼 아낙시만드로스는 환경의 변화가 사물의 변화를 가져온다며 탈레스와 달리 사물의 변화 원인을 설명하는 진일보된 물음과 설명을 하는 것을 알 수 있다. 이는 모든 생명체는 같은 기원에서 출현한다는 말로 물고기와 사람도 같은 조상을 가진 다른 환경의 생명체로 이해하는 것이다. 그의 주장에 따르면 사람이 다른 생명체보다 가장 긴 배임 기간을 필요로 하는 까닭은 사람이 가장 후에 출현한 생명체이기에 생명이 출현하는 전 과정을 되풀이 한다고 보는 것이다. 이처럼 아낙시만드로스는 만물의 생성에 대한 견해에서 한 걸음 더 나아가 생명의 탄생, 그리고 진화에 대해 이야기하는 것을 알 수 있다.

다양한 사물이 생겨난 원인은 무엇인가

아낙시메네스

반면에 그의 동료 아낙시메네스(Anaximenes, B.C 585~B.C 528)는 실제로 존재하지 않는 것이 어떻게 구체적으로 존재하는 것의 원인이 될 수 있느냐며 아낙시만드로스와 달리 모든 존재하는 것의 원인은 실제로 존재해야 하며 또 모든 것에 편재해 있어야 한다고 주장한다. 이는 탈레스의 주장과 아낙시만드로스의 주장을 동시에 극복하고자 하는 것으로 이 모두를 충족시킬 수 있는 '공기'를 그는 만물의 근본 물질로 이야기한다. 아낙시메네스는 공기의 수축과 팽창이 만물을 낳는다는 것이다. 즉 공기의 팽창이 희박을 낳고 온기를 발생하며 불이 되듯이, 공기의 수축은 냉기를 발생하고 물 땅 암석이라는 단단한 고체를 발생시키며 만물이 되었다는 것이다. 그의 이러한 주장은 '양적 차이'가 '질적 차이'를 가져온다는 주장을 함축하는 것으로 아낙시메네스는 모든 것을 공기의 밀도에 따른 결과로 설명한다.

사물과 그것의 원리는 같은 것인가 다른 것인가

피타고라스

밀레토스의 철학자들은 이와 같이 각기 서로 다른 주장을 펴지만 사물의 원인, 토대, 근거를 객관적으로 탐구하며 이를 '사물' 속에서 찾으려 했다는 점에서는 크게 다르지 않다. 다시 말해 그들은 자연을 바라보며, 자연에 대해 묻고, 자연속에서 답을 구한다. 그런데 이러한 사물의 직접성을 넘어 다른 차원으로 시선을 옮기는 사람이 있다면 그가 피타고라스(Pythagoras, B.C 570?~B.C 497?)이다.

사모스에 살던 피타고라스는 사과는 있다가 사라져도 사과가 몇 개 있었다는 사실은 없어지지 않듯이, 실재하는 것은 개별적 사물이 아니라 사물로부터 추론된 몇 개라는 '수'라 말한다. 피타고라스는 만물을 수라는 '형상(form)'에 의해 구성된 것으로 여기며 수의 가장 조화로운 상태를 '영혼(psyche)'이라 말한다. 물론 피타고라스는 사물의 근본적 실재를 규명하려 한다는 점에서는 밀레토스 학파와 크게 다르지 않지만, 그가 사물의 직접성으로부터 벗어나 추상적인 문제, 즉 형상을 논한다는 점에서는 그들과는 분명 차이가 있다. 그리고 피타고라스의 형상 개념은 사물을 있게 하는 또 다른 측면을 이야기하는 것으로, 후에 물질과 이를 있게끔 하는 원칙 내지는 힘 등으로 달리 말해지면서 서구 사상이 존재하는 것과 존재하게 하는 것, 다시 말해 실재와 현상 등의 이원론적으로 나아가는 한 계기로 작동한다.

피타고라스의 이러한 태도는 그가 사물로부터 이익을 추구하는 삶보다 명예를 추구하는 삶, 그리고 그보다는 세상을 관조하는 삶을 더욱 바람직한 삶으로 이야기하는 태도에서도 그대로 드러난다. 그렇다면 피타고라스는 왜 이러한 생각을 하게 되었을까. 아마도 그것은 그가 당시 사람들이 풍요로운 물질로 인해 방탕하고 비도덕적이며 무질서한 삶을 산다고 생각했기 때문인지도 모른다. 그래서 그는 참다운 삶을 살기 위해서는 물질로부터 일정한 거리 두기가 필요하다고 생각하여 눈에 보이는 물질세계로부터 눈에 보이지 않는 수의 세계로의 방향전환을 시도한 것은 아닐까. 실제로 피타고라스가 그를 따르는 집단과 격리된 섬에서 공동체 생활을 하며 마치 종교집단처럼 정화의식을 중요하게 여긴 점도 사람들이 물질의 풍요에 따라 점점 더 타락하기 때문이라고 여겼기 때문일 지도 모른다. 어찌 되었든 피타고라스의 이와 같은 생각은 이후 소크라테스(Socrates, B.C 470?~B.C 399), 그리고 플라톤(Platon, B.C 427?~B.C 348?)에게로 그대로 전승된다.

실재에 대해 열망하는 사람들

변화하며 있다는 사실만이 실재한다

헤라클레이토스

물질의 근본 원인을 해명하고자 하는 이들의 시도는 변하지 않는 실재와 늘 변화하며 있는 개별적 사물들, 즉 하나와 여럿의 문제에 대한 논의로 이어진다. 그들 중에 한 사람이 에페소스의 헤라클레이토스(Herakleitos, B.C 540~B.C 480)이다.

그는 우리는 같은 물에 두 번 다시 손을 담글 수 없다며 모든 것은 다 변화 중에 있다고 말한다. 세상에 변화하지 않는 것은 단지 '변화하며 있는 사실 그 자체'일 뿐이며 변화야말로 참으로 실재한다고 말한다. 다시 말해 실재란 '변화하며 있는 사실 그 자체'라는 것이다. 헤라클레이토스는 세상 만물은 새롭게 생성하거나 소멸하는 것이 아니라 사물을 발생하는 하향로와 생명을 낳는 상향로라는 두 운동의 교환 속에서 단지 변화하며 있을 뿐이라 하는 것이다.

그에 따르면 세계는 하나의 영원히 타는 불로서, 불은 그
안에 내재된 법칙에 따라 늘 달리 타듯이 세계는 '이성'이라
는 보편법칙(logos)에 의해서 질서를 유지하며 변화하며 있
다는 것이다. 이처럼 세계를 '변화하는 것'과 '변화하게 하는
것'으로 구분해 사고하는 헤라클레이토스는 이후 서양 사유
의 특징이기도 한 분리된 사고를 낳기도 하지만, 반대로 하
나로 모든 것을 통합해가려는 현대철학에 지대한 영향을 미
치기도 한다. 그는 또한 존재의 원인을 외부가 아닌 자기 안
에서 찾는다는 면에서 자연을 죽어 있는 사물이 아니라 살아
있는 자연으로 파악함으로 때론 범신론자로 몰리기도 한다.

실재는 변화하지 않는다

파르메니데스

헤라클레이토스와 동시대인
인 파르메니데스(Parmenides, B.C
510?~B.C ?)는 이와 달리 실재하는
것이란 변화하지 않는다며 불변하
는 실재, 즉 '일자'(the one)에 대해
언급한다. 그에 의하면 우리 눈에
변화하는 것처럼 보이는 것은 실제
(實際)로 변화하는 것이 아니라 단지 실재(實在)의 그림자일

뿐이라 하는 것이다. 실재가 실제로 변화하려면 이것과 저것이 전혀 다른 것이어야 하는데 이는 공간의 분할이 전제되어야 하나 공간의 분할은 무한히 반복된다는 면에서 실제로는 불가능하다며 파르메니데스는 변화 또한 있을 수 없다고 한다.[1] 그러므로 파르미데스는 '있는 것은 언제나 있으며 없는 것은 없을 뿐'이라 한다. 파르미데스는 있는 것은 언제나 동일한 하나의 실재, '일자'만이 있을 뿐이라고 이야기한다.

그의 이러한 주장은 헤라클레이토스의 변화에 대한 설명과 함께 서양 사유의 커다란 두 축으로 작용하면서 서구인들의 정신사에 깊이 파고든다. 그러나 파르메니데스와 헤라클레이토스의 주장은 언뜻 보면 서로 상반되는 주장을 펴는 것 같지만 실은 서로 다른 관점에서 이야기를 하는 것을 알 수 있다. 즉 파르메니테스는 외재적 관점에서 동일한 하나를 보았다면 헤라클레이토스는 그것이 어떻게 변화하며 있는가 하는 내재적 관점에서 그것의 속성을 파악고자 함을 알 수 있다. 즉 나는 끊임없이 변화하면서도 나란 동일성을 유지하듯이, 두 사람은 서로 다른 관점에서 접근하는 것임을 알 수 있다. 하지만 또 다른 차원에서 이야기했을 때, 두 사람은 사유하는 단위가 다르

---

1) 그의 제자 제논은 이를 뒷받침하기 위해 네 가지 논증 즉, 운동의 상대성, 화살, 아킬레우스와 거북이, 경주로를 이야기한다.

다고도 할 수 있다. 헤라클레이토스가 아주 비교적 작은 차원을 토대로 하여 본 것이라 한다면, 파르미데스는 가장 거대한 차원에서 있음의 문제를 본 것은 아닐까?

실재는 불변하나 대상은 변화한다

엠페도클레스

변화에 대한 서로 상반된 주장을 생산적으로 종합한 사람이 있다면 시칠리아의 엠페도클레스(Empedokles, B.C 490~B.C 430)이다. 그는 파르메니데스의 존재에 대한 입장, 즉 '존재하는 것은 존재하지 않을 수 없다'는 관점과 헤라클레이토스의 '모든 것은 변화 중에 있다'는 관점을 다 같이 수용하면서 '실재는 불변하나 대상은 변화한다'는 주장을 피력한다. 즉 실재하는 것은 일자가 아닌 '흙, 공기, 불, 물'이라는 네 가지 근본물질로서 이 '네 가지 근본 요소의 결합과 분리운동'이 만물을 생성, 변화해 가는 것이라 이야기한다.

그런데 이러한 변화의 동력을 엠페도클레스는 이전 사람들과 달리 '사랑과 증오'로 이야기하는 데 특징이 있다. 그는 사랑과 증오에 따른 결합과 분리의 운동, 즉 사랑이 지배하는 조화로운 단계, 증오의 힘이 침투하는 단계, 증오가 우세해지는 부조화의 단계, 그리고 증오만 남는 분리의 단계라는 4단계가 자연 속에서 일정한 주기로 순환하며 만물을 발생시킨다고 하는 것이다.

그런데 엠페도클레스는 왜 근본물질을 '흙, 공기, 불, 물'이라는 네 가지로 설명할까. 그것은 그가 주거하는 지역의 자연과 무관하지 않다면 만물의 근본요소를 화, 수, 목, 금, 토로 이야기하는 동양과는 어떤 차이가 있는 것일까. 혹 동양은 금으로 대변되는 금속이 생산되었던 반면에 서양은 그렇지 못했던 것은 아닐까. 그렇다면 서양보다 동양이 청동기와 철기 문화를 꽃 피었다고 할 수 있을 것이다. 이전 세계는 우리가 아는 것과는 달리 서구보다 동양이 더 문명사회를 살았던 것은 아닌지 생각해볼 문제이다.

엠페도클레스의 생각을 보다 과학적이고 합리적으로 설명한 한 사람이 있다면 터키 출신의 아낙사고라스이다. 그는 세계란 사랑과 증오에 의해서가 아니라 이성적 원리인 '정신(nous)'에 의해 운행된다고 한다. 즉 질료는 정신이라는 이성적 원리에 의해 온기, 밝음, 희박, 건조와 또 다른 냉기 어둠 농후, 습기를 낳는다는 것이다. 정신의 지속적 회전운동이 이런저런 질료의 운동을 촉발시킨다는 것이 그의 생각이다. 그러나 분명한 것은 정신이 사물을 창조하는 것은 아니다. 아낙사고라스는 정신을 혼합된 질료와 달리 순수하고 단순한 것으로 파악하면서 만물이 존재하는 곳에 정신 역시 같이 하는 것으로 이야기한다. 그는 정신과 물질을 상호관련 속에서 설명하는 것이다. 그러한 면에서 실재란 정신과 질료로 구성된다 하겠다.

실재하는 물질로부터 우리는 무엇을 아는가

데모크리토스

레우키포스의 데모크리토스 (Demokritos, B.C 460~B.C 360)는 이에 반하여 사물의 본성은 서로 다른 모양과 크기의 '원자'들로 이야기한다. 원자는 진공과 같은 '공간'에서 일정하게 주어진 방향 없이 자유로운 운동 속에 있으며, 만물은 이들의 충돌에 의해서 발생한 것이라 하는 것이다. 인간의 사고 역시 그것이 자각이던 이해이던 모든 것은 원자의 물리적 과정에서 파생된 발산과 이미지라 하는 것이다. 다만

41

데모크리토스는 그것이 무엇과 관계하느냐에 따라 앎의 문제를 대상 자체와 관련된 지식과 대상을 보는 사람의 특정한 조건과 관련된 지식으로 나누어 보는 데 이전 사람들과 다른 그만의 모습을 보인다.

데모크리토스는 우리가 어떤 것을 경험할 때 그것이 어떤 것이라 하는 데에는 동의할 수 있지만, 그것에 대한 의견은 서로 다른 까닭은 그것이 관계하는 대상이 다르기 때문이라고 한다. 여기에서 데모크리토스는 사물에 대한 자유로운 2차적 지식에 근거하여 물리적인 세계에 윤리를 끌어들인다. 그는 인생의 최고 목적을 만물 내의 중용이라 할 수 있는 '쾌'에서 찾고 그 길을 찾아가는 것을 윤리로 제시하는 것이다. 바로 여기에 데모크리토스 철학의 보다 큰 특징이 있다. 이는 사람들이 단순히 자연에 대한 물음을 넘어서 이와 더불어 무엇을 어떻게 해야 하는가를 묻기 시작하는 것으로, 사람들의 관심이 자연에서 점차 인간의 문제로 옮아감을 알 수 있다. 그가 물었던 물음은 이후 스토아철학과 쾌락주의에서만이 아니라 소크라테스에게서 본격적으로 논의된다.

세계를 신화적이고 은유적이며 풍자적인 태도에서 바라본 이전 사람들과 달리 자연 철학자들은 비교적 객관적인 관찰

방식을 통해 자연을, 그리고 세계를, 논리적이고 체계적인 방식으로 처음 물어갔다고 할 수 있다. 이들이 물었던 물음은 서양 사유의 기본적인 개념과 논리로, 이후 서구 사유를 지탱하고 형성해 가는 데 있어 중요한 역할을 한다. 즉 존재하는 의미와 존재하는 것의 원인, 그리고 이를 구성하고 있는 물질, 이로부터 다양한 것이 출현하는 까닭, 변화하는 이유와 동인을 설명코자 한 이들의 물음을 통해서 그들은 사물을 이루는 근본 원인, 실재, 일자, 정신, 영혼, 정의, 로고스, 질료, 형상, 현상 등의 서양철학의 중요 개념들을 도출하였다. 서양철학을 지탱하는 소크라테스, 플라톤, 아리스토텔레스(Aristoteles, B.C 384~B.C 322)의 사상이란 이들이 묻고 답했던 것을 그들 나름으로 새롭게 정리, 이해한 것으로, 우리는 이들이 묻고 답한 사유를 결코 소홀히 할 수 없다.

우리는 왜 철학을 이야기하는 것일까
왜 밀레토스인가
사물의 근본 실재는 무엇인가
왜 모든 것은 변화하며 있는가
다양한 사물이 생겨난 원인은 무엇인가
사물과 그것의 원리는 같은 것인가 다른 것인가
실재하는 실질로부터 우리는 무엇을 아는가
무엇이 진리인가
진리는 어디에 있는가
무엇이 우리를 행복하게 하는가
무엇이 우리를 구원하는가
신은 어떻게 실재하는가
신도 사물처럼 실재하는가
신은 이름뿐인가
우리는 어떻게 신에 이르는가
우리는 참다운 지식에 이를 수 있는가
우리가 아는 것은 무엇인가
어떤 공동체여야 하는가
실존에 대한 물음으로
형이상학은 무엇인가
참다운 인간의 본성은 무엇인가
이미지에 의해서 지배되는 사회에서 무엇이 사실인가
자본주의 사회 이후를 내다보며

2

고대

;

자연에서 사람에게로

무엇이 진리인가

　단순한 사물에 대한 물음에서부터 이러한 사물 세계에서 사람은 어떻게 살아야 하는가를 본격적으로 묻기 시작하는 사람들이 소피스트들이다. 소피스트는 자연과 마주하며 세상을 구성하고 있는 기본적 실재에 대한 물음에서 과연 사람이 이러한 실재를 어떻게 알 수 있는가 하는 의구심을 가지고 자연에서 인간에게로 물음을 바꾸어간다. 이는 이전보다 훨씬 더 다양하고 복잡한 세계가 형성하기 시작했음을 뜻한다. 즉 다양한 종족들이 통합되면서 보다 커다란 사회로 변화해가는 일 속에서 그들은 그들이 당면한 문제, 즉 그리스인과 이방인, 주인과 노예 사이의 구별이 자연적인 것인지 아니면 인위적인 것인지 등에 대해 묻기 시작한다. 그들은 이처럼 실질적인 삶의 문제를 물어나간다. 즉 다양한 문화 안에서 서로 다 같이 공유할 수 있는 보편적인 진리가 어떻게 가능한가 하는 아주 현실적이고 구체적인 문제를 물어가는 것이다.

진리는 상대적이다

당시 지식인이라 불리는 사람은 특유의 언사의 기술로 이러한 물음에 대하여 나름으로 대답을 피력하며 사람들을 설득해 나간다. 그 대표적인 사람이 아브데라의 프로타고라스(Protagoras, B.C 490~B.C 420)이다.

프로타고라스

그는 모든 것을 포괄하는 진리란 있을 수 없다고 단언한다. 왜냐하면 사물에 대해 지식은 인간의 능력에 의해 제한되기 때문이라 한다. 그런데 사람의 능력이란 각기 다르기에 사람은 저마다 다른 입장을 가질 수밖에 없다는 것이다. 그러므로 동일하게 고백하는 지식이란 있을 수 없다는 것이 그의 생각이다. 그런 의미에서 프로타고라스는 '사람이 만물의 척도'라 주장한다. 때문에 그는 서로 다른 사람들과 어울려 살기 위해서는 누구에게나 동일하게 적용할 수 있는 일정한 법이 필요하다고 말한다. 법이 옳아서가 아니라 사회를 안정시키기 위해 법이 필요하다는 것이다. 그에 의하면 관습과 전통은 공동체가 공동체의 유지를 위해 오랫동안 조심스럽게 만들어진 법으로 우리는 그것을 지켜나갈 필요가 있다는 것이다. 그런데 각 공동체의 관습과 전통은 서로 다를 수밖에 없기에 모든 것을 관통하는 절대적 진리란 있을 수 없다는 것이 그의 생각이다.

우리는 진리를 알 수 없다

도덕적 상대성을 주장한 프로타고라스보다도 더 급진적인 생각을 한 사람은 B.C 5세기 후반 시칠리아에 살았던 고르기아스(Gorgias)이다. 그는 이 세상에 진리란 존재하지 않으며 설사 진리가 존재한다

고르기아스

고 하더라도 우리는 그것을 알 수 없다고 한다. 우리가 진리를 안다고 해도 우리는 그러한 진리를 다른 사람에게 전달할 수 없다며 그는 진리의 절대성을 부인한다. 우리가 아는 것이란 단지 자신이 선택한 것을 설득시키는 '수사학(rhetoric)'에 지나지 않다며 고르기아스는 이 세상에는 그 어떠한 진리도 없음을 강조한다.

진리는 존재하지 않는다

고르기아스와 동시대인인 트라시마코스(Thrasymachos)역시 진리의 부재를 이야기한다. 그러나 그는 고르기아스와 달리 진리를 '힘'과 연결시킨다는 면이 다르다. 그에 따르면 사람은 누구나 자기 자신의 이익을 추구한다는 면에서 진리는 단지 지배적인 힘일 뿐이라 하는 것이다. 즉 정의는 강자의 이익을 대변하는 것으로 정의를 실천한다는 것은 힘 있는 자들의 권력에 복종하는 일이며 법은 단지 이를 옹호하는 것이라고 트라시마코스는 말한다. 때문에 그는 불의한 사람이 오히려 성격과 지성에 있어서 매우 탁월하고 우월한 사람일 수 있다며, 때론 불의가 정의보다 더 유익할 수 있음을 피력한다. 트라시마코스의 이러한 주장은 그만큼 당시의 사회가 혼란하다는 것을 보여주는 것일 수 있다.

보편적이고 객관적인 진리

진리의 상대성을 주장하는 소피스트들과 달리 소크라테스는 확대되는 공동체에 부합하는 보다 보편적이고 객관적인 진리를 궁구한다. 그에 의하면 진리란 언제 어디서나 보편타당하고 객관적이어야 한다는 것이다. 일정한 공간을 점하고

소크라테스

있는 구체적 물질은 그러므로 진리가 될 수 없음을 간파한 소크라테스는 물질적인 것이 아닌 비물질적인 것으로 진리를 언급한다. 그리고 이 진리관에 의해 그는 사람에 대한 이해도 새롭게 한다.

소크라테스는 사람을 단순히 물질로 이루어진 몸을 가진 존재가 아니라 비물질적인 영혼을 가진 존재로 파악한다. 영혼은 이 세상을 초월해 있는 세계에 우리가 있기 이전부터 있던 것으로, 그것은 생겨나지도 없어지지도 않는 비물질적인 것이라 한다. 소크라테스는 이 영혼이 육체 안으로 유입해 들어온 것이 사람이라 한다. 우리는 영혼에 의해 이런저런 사람이 되는 것으로, 영혼은 우리로 하여금 이런저런 것을 인식 가능하게 하며 우리의 행동과 삶을 이끌어 간다. 그러므로 소크라테스는 우리는 영혼이 항상 선을 향할 수 있도록 하는 것이 무엇보다 중요하다고 이야기한다.

소크라테스는 이를 위해 숙련된 대화의 방법을 통해서 영혼이 선을 향하며 참다운 진리로 나아갈 수 있는 길을 제시한다. 그것이 지적인 산파술이라 하는 '변증술(dialectic)'이다. 사람은 불완전한 생각에 대해 묻고 답하는 과정에서 '스스로' 보다 온전한 진리로 향할 수 있다는 것이 그의 생각이다. 소크라테스는 이 '논점부정(elenchus)'의 대화 기술을 통해서 속견을 멀리하고 '보편타당한 진리'에 이를 수 있다는 것이다. 그에 의하면 사람은 질서정연한 사유를 통해 확실하고 신뢰할 수 있는 지식을 획득할 수 있기에 물질적 대상 세계의 상대성을 극복하고 보편적이고 객관적인 참된 진리의 세계로 향할 수 있다고 하는 것이다.

그의 이러한 사상은 진리를 아는 것이 선한 삶을 사는 것이요, 선한 삶을 살고자 하는 것이 바로 정의로, 우리가 취하여야 할 덕이란 바로 선한 삶을 위한 진리를 아는 일이다. 소크라테스는 앎과 행위를 나누어 보지 않고 지, 덕, 의를 하나로 보면서 선한 영혼에 이끌리는 삶을 살 것을 이야기한다.

물질에 이끌리기보다는 영혼에, 이 세상에 이끌리기보다는 저 세상을 사유하는 삶을 바람직한 것으로 이야기한다. 소크라테스는 이러한 주장을 한 이유에서 젊은이들을 현혹하고 국가를 혼란스럽게 한 죄로 사형선고를 받기에 이른다.

우리는 소크라테스가 자신이 말한 보편적 진리를 실현하기 위해 악법도 법이라며 죽음을 선택했다고 알고 있다. 그 이야기가 실제로 의미하는 바는 무엇일까. 소크라테스가 독주를 마실 수 있었던 까닭은 어쩌면 그에게 죽음이 없기 때문은 아니었을까. 그에게 죽음이란 단순히 육체와 영혼의 분리로서, 영혼이 본래 있었던 이데아의 세계로 돌아가는 일이다. 그 세계는 참다운 진리의 세계로, 보편진리가 이야기되는 곳이었기에 소크라테스는 과감하게 자신이 말한 세계를 선택했던 것이라 할 수 있다. 그런 의미에서 엄밀히 말해 소크라테스에게 죽음이란 있지 않다고 할 수 있다.

진리는 어디에 있는가

우리를 초월해 있는 세계에

스승의 억울한 죽음을 목도한 플라톤(Platon, B.C 428?~B.C 348?)은 이 세상은 불의가 가득한 세상이라 하면서 소크라테스의 생각을 더욱 공고히 하기에 이른다. 그는 이 세계를 넘어선 정의롭고 순수한 세계, 즉 이데아(idea)의 세계를 상정

플라톤

한다. 그는 진리가 부재한 이 세계는 실재하는 세계가 아니라 늘 변하며 있는, 현상세계로 이 세계는 실재하는 세계를 비추는 그림자에 지나지 않는다며, 플라톤은 세계를 진리가 '실재'하는 세계와 진리가 실재하지 않는 '현상'의 세계로 구분한다.

플라톤의 이와 같은 세계 인식은 가깝게는 스승 소크라테스의 사상을 이어가는 것이며, 멀게는 헤라클레이토스의 변화하는 세계를 현실세계에 놓고, 파르미데스의 불변하는 세계를 이데아의 세계에 놓은, 헤라클레이토스와 파르미데스

세계 구분			대상 (objects)	사유방식 (modes of thought)	추구
이데아 (idea)	실재 세계 (참다운 세계)	가지계 (intelligible world)	최고선– 형상 (the good)	앎 (knowledge)	지혜 (knowledge)
			수학– 추론과 논리 (athematical objects)	사유작용 (thinking)	
현실	현상 세계 (그림자 세계)	가시계 (visible world)	사물 (things)	신념 (belief)	속견 (opinion)
			허상 (images)	상상 (imagining)	

플라톤의 분리된 세계

의 주장을 종합하여 달리 해석한 것이라 할 수 있다. 그에 따
르면 우리 눈에 보이는 늘 변화하며 있는 '가시적 세계'와는
달리 진리가 실재하는 불변하는 세계인 이데아는, 지혜를 통
해서만 도달할 수 있는 '가지적'인 세계라 한다. 이데아의 세
계는 물질을 입은 몸으로는 도달할 수 없는 비물질적인 순수
한 세계로 수학적 추론과 논리적 사유를 통해서만 이를 수
있다 하는 것이다. 반면에 물질에 의해서 형태를 갖추어 드
러나는 이 세계는 그로 인하여 확신에 찬 신념을 가지기 쉬
우나 이는 실재하는 것이 아닌 단지 실재의 그림자에 따라
변화하는 현상하는 세계로, 이 세계는 속단과 편견 상상의
세계라 한다. 우리가 사는 이 시계는 참된 진리의 세계와는
거리가 멀다고 플라톤은 말한다.

대다수의 사람들은 온갖 부정의가 벌어지는 이 세계가 실재하는 세계라 여기지만 이 세계를 초월해 있는 이데아의 세계를 볼 수 있는 사람은 이 세계가 허상이라는 사실을 안다는 것이다. 때문에 그들은 비록 몸은 이 세계에 있어도 늘 이데아의 세계를 사모하며 모든 생각과 판단을 그에 준하여 행동한다며, 플라톤은 이들을 가리켜 지혜를 사랑하는 사람, 즉 '철인'이라 부른다.

플라톤에 의하면, 철인은 이 세계만이 아니라 이데아의 세계를 볼 수 있는 통전적 사고를 할 수 있기에 세상이 철인이 다스릴 때 가장 이상적인 사회가 될 수 있다며, 플라톤은 철인에 의한 통치 즉 '철인정치'의 실현을 이야기 한다. 플라톤은 무지한 사람이 세상을 통치하게 되면 자신의 스승과 같은 사람을 죽이는 과오를 범할 수밖에 없다며, 바람직한 정치형태로 철인정치를 이야기한다. 그러나 실질적으로 철인정치가 불가할 경우 차선책으로 그는 소수의 엘리트가 이끄는 귀족제(aristocracy)를 선호한다. 그리고 이어서 명예제(timocracy), 금권제(plutocracy), 민주제(democracy), 참주제(despotism)의 순서로 정치형태를 이야기한다.

그가 이런 정치형태를 말한 까닭은 우리가 다 알다시피 현대사회에서 말하는 평등한 주체란, 그 시대에서는 귀족에 한정되었기 때문일 것이다. 그 시대적 상황에서 보면 귀족제가 오늘날 민주제에 가장 가까운 정치형태이고, 참주제는 무력, 독재를 나타낸다. 그러한 연장에서 플라톤은 민주제를 참주제 바로 앞에 둔다. 이는 우매한 다수가 가지는 위험을 앞서 경험한 바 있는 플라톤이 생존적 차원에 매인 사람들은 이데아의 세계를 사유하기가 실질적으로 힘들다는 판단에 기인한다.

그러나 이후 종교의 시대가 열리는 것을 보면 현실에서 고단한 삶을 사는 사람들이 오히려 귀족들보다 더 이데아라는 초월적 세계를 더 사유하고 꿈꾸었던 것을 알 수 있다. 귀족이 정치적 지배 이데올로기로서 이데아를 상정했다면 이들은 새로운 세계에 대한 열망을 통해 현실의 고단함을 극복하기를 원했다는 점에서 종교라는 초월해 있는 세계로서 이데아를 갈망했다고 할 수 있다.

그러나 플라톤은 태생적으로 신분에 차별을 두지는 않는다. 사람에게는 누구나 영혼이 있으며 우리의 영혼은 목적이나 가치에 대한 인식을 하는 '이성(reason)'과 행동을 위한 충동에 관여하는 '기개(spirit)'와 사물들에 대한 신체의 갈망이라 할 수 있는 '욕망(appetite)'[2]으로 구성되어 있는 바, 무엇이 무엇에 이끌리는가 하는 것에 따라 사람은 다른 삶을 살 뿐이라고 한다. 즉 본성적으로는 같은 영혼을 가진 사람이라 하더라도 이성에 이끌리는 사람은 지도자로, 기계에 이끌리는 사람은 용사로, 욕망에 이끌리면 장인으로 각기 그에 맞게 역할이 주어지는 것이 바람직하다고 플라톤은 말한다. 그가 말하는 정의로운 사회란 바로 장인의 '절제', 용사의 '용기', 이성의 '지혜'의 덕이 조화를 이루는 사회이다.

그럼에도 모든 사람이 추구해나가야 할 최종적 덕은 역시 지혜의 덕이라 플라톤은 여긴다. 지혜는 가려지고 잊혀지고 망각되어진 까닭에 이를 상기시킬 수 있는 교육이 중요함을 그는 역설한다. 사람들이 잘못된 삶을 사는 까닭은 지혜가 없기 때문, 다시 말해서 무지하기 때문이라고 판단한 플라톤은 자기의 본성을 상기함으로 보다 바람직한 덕으로 나아갈 수 있다고 생각한다. 그리고 이를 위해 그는 교육을 강조한다. 그러한 면에서 플라톤은 무력이 아닌 '교육'을 통해 새로운 세상을 만들어가기를 꿈꾸었던 혁명가라 할 수 있다. 그랬기에 그가 세계 최초의 대학 '아카데미'를 세웠던 것이 아닐까.

---

[2] 플라톤은 『국가론』에서 영혼을 세 부분으로 나누어 설명할 뿐만 아니라 『파이드로스』에서는 전차 마부의 비유를 들어 이를 자세히 설명해간다.

'수학을 모르는 자 이곳에 들어오지 말라'는 경구가 걸려 있었다고 할 만큼 플라톤은 사람들에게 논리적으로 사유하고, 보이지 않는 세계에 대한 지혜를 추구할 것을 강조한다. 이를 위해 플라톤은 18세 이전까지는 문학, 음악, 기초수학 등 기초학문을 습득하고, 이후에는 체력을 신장시켜 공동체를 위한 기본 훈련을 하며, 20세가 되면 고등수학을, 30세가 되면 변증법과 도덕철학을 5년 이상을 익히고, 이후 15년 동안을 공공 봉사를 통해 경험을 축적한 다음, 50세가 되어서야 비로소 공동체의 지도자가 되어야 함을 역설한다. 그의 이러한 주장은 서양교육제도 만이 아니라 오늘 교육에 이르기까지 거대한 영향을 미치고 있다.

그는 '동굴의 비유'를 들어 지혜를 추구하고, 이를 위한 생득관념에 대한 상기의 작용과 교육의 중요성을 강조하며 철인에 의한 정치를 주장하는 등과 같은 그의 사상은 다수의 대화편, 즉 초기 대화편인 『변명 *Apologia*』, 『크리톤 *Kriton*』, 『고르기아스 *Gorgias*』 등과 중기 대화편인 『파이돈 *phaedon*』, 『향연 *Symposium*』, 『국가론 *Politeia*』, 『파이드로스 *Phaidros*』 등을 비롯하여 후기의 대화편이라고 할 수 있는 『파르메니데스 *Parmenides*』, 『티마이오스 *Timaios*』, 『크리티아스 *Kritias*』, 『법률 *Nomoi*』 등 다수의

플라톤과 아리스토텔레스

『대화편』을 통해서 잘 알 수 있다.

　플라톤의 사상은 달리 생각하면 혈연에서 보다 광범위한 지역공동체로 확대하는 과정에서 힘의 논리가 지배하려는 상황을 '도덕'에로 전환을 꾀하며 이를 극복해나가려 하는 것은 아닐까. 그래서 그는 지혜의 덕을 위해 오랜 시간 다양한 교육을 배우고 익혀야 한다고 했던 것이라 할 수 있지 않나. 그러한 면에서 플라톤은 이 세계가 아닌 이데아의 세계를 진리가 실재하는 세계라 주장하지만 어쩌면 그의 주장과 달리 이 세계에 도덕적인 진리가 실현되기를 간절히 바랐던 사람이라 할 수도 있다. 이러한 플라톤의 의중을 꿰뚫어 본 사람이 다름 아닌 천재 제자인 아리스토텔레스이다.

이 세계 안에 실재하는 진리

마케도니아의 트라케에서 태어난 아리스토텔레스 (Aristoteles, B.C 329?~B.C 322)는 플라톤의 생각으로부터 한걸음 더 나아가 현실 안에서 진리의 현존을 이야기한다. 아리스토텔레스는 사람이 영혼적 존재이며 초월된 세계에 영혼이 선재한다는 플라톤의 사상을 그대로 받아들이면서도 분명

아리스토텔레스

한 사실은 지금 여기에서 나로 있다는 사실에 주목한다. 그에 의하면 영혼이 육신과 분리되어 본래 있던 곳으로 돌아간다 하여도 그것이 나라는 개별적 영혼으로 그대로 유지되는지, 아니면 보편이성으로 유입되어 더 이상 나로 인식할 수

없을지에 대해 우리는 알 수 없다며 그는 무엇보다도 지금 여기에서 나로 있는 이 현실에 충실할 필요가 있다고 역설한다. 그래야 현실에서 행하는 우리의 모든 일들이 의미가 있다며 아리스토텔레스는 구체적 현실에 근거한 철학을 전개해 나간다.

때문에 아리스토텔레스는 이데아와 같은 보편적이고 추상적인 문제를 다루는 형이상학(metaphysica) 대신 세상에 구체적이고 개별적인 사물을 다루는 형이하학(physica)을 통해 새롭게 제1철학(prote philosophia)을 개진해간다. 그에 의하면 세상에 존재하는 것은 개별적으로 있는 실체(ousia) 들이다. 실체는 형상(morphe)과 질료(hyle)의 조화로운 복합체로서 질료는 형상에 의해 개별적 사물이 된다. 사물을 있게 하는 형상은 사물의 외부가 아닌 사물 안에 있는 것이다. 아리스토텔레스는 실체 안에서 실재를 논하며, 동시에 개별적 사물의 실재를 넘어선 보편실재에 대해서도 이야기 한다. 우리에게는 이를 알 수 있는 능동지성(active intellect) 이 있는데, 우리는 이 능동지성에 의해 각각의 실체들을 양, 질, 관계, 장소, 시간, 상태, 소유, 능동, 수동 등의 9가지 범주 (categories) 내에서 새롭게 배열하고 추론해나가면 제1원인 (archai)에 이룰 수 있다는 것이다.

이를 논증하기 위해 아리스토텔레스는 삼단논법 (syllogism)에 기초한 형식논리를 제안한다. 그리고 이로 인해서 논증된 제1원인을 변화하는 세계와의 관계 속에서 '가능태(potentiality)'와 '현실태(actuality)'로 그리고 '부동의 동자(unmoved mover)'로 설명한다. 부동의 동자는 세계의 영혼(nous)임과 동시에 각각의 사물과 관계하는 세계의 지적 원리[3]로 사물들 안에서 조화로운 정신의 활동으로 작용한다. 이를 위해 아리스토텔레스는 부동의 동자를 그것을 그것이게 하는 '형상인'으로, 사물을 만들어주는 '작용인'으로, 사물이 만들어지는 '질료인'으로, 그리고 사물이 만들어진 '목적인'으로 재차 설명해나간다.

사람에게는 이러한 원리를 논구해가는 철학적 지혜 (sophia)가 있는데 이는 사물에 내재하는 제1원리와 같은 것과 관계하는 '이론적 앎'과 특수한 상황에서 무엇을 어떻게 해야 하는지를 파악하는 '실천적 앎(pronesis)'이 있다고 한다. 그는 이론적 앎인 '이론 지'는 논리학으로, 그리고 실천

---

3) 아리스토텔레스는 『영혼론 De Anima』에서 능동적 지성과 개인의 지성을 구분하며, 능동적 지성은 부동의 동자와 동일한 것으로 개인적 지성이 소멸하여도 지속되는 세계의 영혼이라 설명한다.

적 앎인 '실천 지'는 그때그때 상황 안에서 과하지도 모자라지도 않은 적절함의 상태를 뜻하는 '중용(mesotēs)'으로 이야기한다. 사람은 이러한 원리에 의거하여 사물간의 차이를 구별하고, 분석하고, 관계를 이해하며 심사숙고하며 선택하며 살아간다는 것이다.

이러한 생각은 그가 세운 '리케이온'이라는 학당에서 구체화 된다. 리케이온은 플라톤의 '아카데미'와 에피쿠로스의 '정원', 그리고 제논의 '스토아'와 함께 고대의 대표적인 학당으로 플라톤의 아카데미와는 전혀 다른 새로운 성향의 학문, 즉 현실의 구체적인 앎을 위한 학문을 태동시킨다. 소요학파(peripatetic)라고도 불릴 만큼 아리스토텔레스는 리케이온의 숲속 산책로 '페리파토스'를 거닐며 현실적 문제에 대해 토론과 강론과 향연을 베풀며 학문을 발전시켜나간다. 아리스토텔레스는 이와 같이 진리가 무엇인가에 머물지 않고 진리가 구체적으로 현상하는 이 세계에 보다 더 지대한 관심을 기울이며 일상적 삶 속에서 추구하는 모든 일들을 다 선한 일을 추구하는 것으로 받아들인다.

플라톤이 예술을 이데아의 그림자인 이 세상을 복제하는 것이라 하여 멀리하였다면, 아리스토텔레스는 예술을 진리가 개연하는 또 다른 방식으로 인간영혼을 정화시켜 나가기도 한다며 가까이 한다. 달리 말해서 아리스토텔레스는 예술을 개별적 사물 안에 있는 진리를 발견하는 인식론적 차원에서 새롭게 다루는 것이다. 즉 예술은 인간심층구조 안에 자리하는 모방과 표현의 본능을 충족시키고 그로 인하여 발생하는 즐거움의 감정, 즉 카타르시스(catharsis)를 통해 영혼을 정화시켜 나간다고 보는 것이다. 특히 희극보다 비극에서 이러한 현상이 보다 극대화된다고 주장하는 아리스토텔레스는 예술을 통해서 플라톤이 초월적 세계로의 이월시켰던 원인과 근거, 토대, 위로를 현실 안에서 구하는 것이다.

이러한 시도는 자연스레 현실을 다루는 학문으로 표출된다. 그 대표적인 것이 물리학이고 윤리학이며 정치학이다. 윤리학이 이 세상에서 어떻게 잘 살 것인가를 개인적 차원에서 다루었다면, 정치학은 개인의 확대로서 정치 공동체를 다룬다. 아리스토텔레스는 국가를 진리를 구현하는 실현체로 여긴다. 그에 의하면 국가란 단순히 삶의 영위를 위해 존재하는 것이 아니라 인간의 도덕적이며 지적인 완성을 위해 존재하는 것, 즉 사람들의 선한 삶을 실현해 갈 수 있도록 해야 한다는 것이다. 이데아가 아니라 지금 여기에서 진리의 작용을 논하며 현실에 가치를 부여하는 국가는 가족과 마을을 완전하고 자족적인 생활로 일체화시키는 것으로, 우리는 국가를 통해 행복과 명예로운 삶을 추구할 수 있다고 아리스토텔레스는 보는 것이다. 그러한 면에서 사람은 정치적이며 국가는 필연적으로 요청되는 것이라 한다.

아리스토텔레스는 국가의 필요성을 '정의'와 '평등'에 기초하여 사람들의 고귀한 행동을 존속해가도록 하는 데서 찾는다. 국가는 국민의 공통 선을 위해 노력할 때야 올바르게 기능하며 그렇지 않을 경우 국가는 타락하기 마련이라는 것이다. 국가가 타락하면 혁명에 의해 새로운 정부가 들어서는데, 어떤 경우에도 무자비한 왕과 소수의 부유한 계층에 의한 통치는 피해야 하며, 가능한 지성과 경제적 여유와 책임감을 가진 유능한 많은 사람들이 정치에 참여하는 것이 바람직하다고 이야기한다. 이에 근사한 정치형태로 아리스토텔레스는 '공화정'을 이야기하는 것이 플라톤과 크게 다르지 않다. 그러나 이는 모든 사람이 자유롭지 않았던 그 시대적 상황 안에서 이해되어야 할 것이다. 즉 그것은 대다수의 자유롭지 않은 사람들과 달리 소수의 자유로운 사람들만이 지성과 경제적 여유와 책임을 가질 수 있었기 때문이다.

현실에서 모든 것을 실현하기를 원했던 아리스토텔레스

의 바람은 그리스, 이집트, 페르시아 만이 아니라 인도에 이르기까지 대제국을 건설한 마케도니아의 알렉산더대왕에게서 실제로 구현되었다고 할 수 있다. 아리스토텔레스의 가르침이 없었다면 그가 그리스와 오리엔탈 문화를 융합한 헬레니즘 문화를 태동시킨, 전에 없는 광대한 제국을 어떻게 이룰 수 있었을까. 그러한 면에서 앎이란 단순한 지식이 아니라 앎은 곧 삶이라 할 수 있다.

아리스토텔레스의 이러한 사상은 수많은 그의 저서들 속에서 그대로 드러난다. 그의 대표 저서는 『오르가논 *Organon*』, 『자연학 *Physica*』, 『형이상학 *Metaphysica*』, 『영혼론 *De Anima*』, 『니코마코스 윤리학 *Ethica Nicomachea*』과 『정치학 *Politica*』, 『수사학 *Rhetorica*』, 『시학 *Poetica*』 등 수없이 많은 작품이 있다.

무엇이 우리를 행복하게 하는가

아리스토텔레스의 현실 안에서의 실천적 삶에 대한 강조는, 이후 변화하는 세계 안에서 어떻게 하면 안락하고 행복한 삶을 이어갈 수 있을 것인가 하는 문제를 궁구하는 대로 나아간다. 이는 이전보다 더 강력한 공동체의 등장으로 인해 개인의 삶이 위축되었기 때문이기도 하고, 다른 한편으로는 변화무쌍한 현실에서 어떻게 내가 평안한 삶을 살 수 있을 것인가 하는 문제 때문이기도 하다. 이들이 영혼의 평정을 이야기하는 '에피쿠로스학파'이고, 사태에 대해 인간의 반응을 조절하는 것을 논한 '스토아학파'이며, 그리고 보편진리에 대한 거부를 통해 개인의 자유를 유지하려 한 '회의주의'와 신과의 신비적인 합일을 통해서 존재의미를 찾기를 원했던 '신플라톤주의'를 주창했던 자들이다.

즐거움이 주는 행복

에피쿠로스(Epicurus, B.C 341~B.C 270)를 중심으로 하는 에피쿠로스학파(Epicureanism)는 인간의 행복을 '즐거움'에서 찾는다. 이들은 이전 사람들처럼 세계가 무엇으로 이루어

졌는지에 관심이 있는 것이 아니라
무엇이 우리에게 즐거움을 주는가
에 관심을 기울인다. 그들은 원자
설을 주장한 데모크리토스의 사상
에 흥미를 가지고 이를 윤리적으로
재해석하면서 시작한다. 그들에 따
르면 사람은 누구나 고통은 피하고

에피쿠로스

즐거움은 원한다는 면에서 '즐거움'이야말로 우리 삶에 근간
이라며 즐거움이 우리에게 주는 원리를 '행동의 근거'로 체
계화시킨다.

그런데 에피쿠로스는 '즐거움'을 감정의 충일도, 방탕도
사치도, 호사도 아닌 올바른 취사선택을 하는 건강한 논리적
사고라 한다. 그는 즐거움에는 여러 종류의 즐거움이 있는
데 식욕처럼 자연적이고 필연적인 것이 있는가 하면, 성욕처
럼 자연적이지만 필연적이지 않은 것도 있고, 물욕처럼 자연
적이지는 않으나 필연적인 것도 있으며, 사치나 인기처럼 자
연적이지도 필연적이지도 않은 욕망도 있다고 한다. 그러나
진정한 즐거움은 육신의 고통과 정신의 불안으로부터의 자
유로운 마음의 평정, 즉 '아타락시아(ataraxia)'라고 에피쿠로
스는 말한다. 인간 본성이 추구하는 궁극적인 즐거움은 다른

무엇에서가 아니라 바로 마음의 평정인 아타락시아에서 이루어진다는 것이다.

마음의 평정은 고통은 피하고 욕망은 적절히 절제할 때 찾을 수 있는데 에피쿠로스는 이를 선한 삶이라 한다. 선한 삶은 선한 사회를 위한 것도 가난한 사람을 위한 것도 더욱이 신에 의한 것도 아니다. 선한 삶은 다름 아닌 지적 매력을 가진 이들과 즐겁고 유쾌하게 교제하는 일들 속에 있다는 것이다. 에피쿠로스는 그 속에서 고통은 부재하고 욕망은 적절히 자제될 수 있다고 한다. 그는 고통이 부재하고 욕망을 적절히 자제하도록 하여 궁극적으로 마음의 평정을 구하는 철학을 가리켜 '영혼을 위한 의학'이라 이름 하기도 한다. 이러한 에피쿠로스의 사상은 지금까지도 전해지는 루크레티우스(Lucretius, B.C 98?~B.C 55?)가 쓴 『사물의 본성 De Rerum Natura』이라는 책을 통해 잘 전해지고 있다.

지혜에 의한 행복

반면에 제논이 스토아(stoa, 현관)에 세운 스토아학파는 에피쿠로스학파와 같이 윤리에 관심을 기울이지만 그들은 즐거움이 아닌 '지혜'에서 행복을 찾는다. 소크라테스의 의연한 죽음을 목도한 제논은 우리는 비록 사건의 일어남은 막을 수 없어도 사건에 임하는 태도는 얼마든지 달리할 수 있다며 지혜를 중시하는 스토아 철학을 출발시킨다. 그는 에픽테토스(Epiktetos, 60년 경 ~17년 경)의 말처럼 죽음을 피할 수

제논

는 없다 하여도 죽음에 대한 두려움은 피할 수 있다며 우리는 지혜를 통해서 우리에게 주어진 숙명을 달리 인식하며 고통을 행복으로 바꾸어갈 수 있다 하는 것이다.

이러한 사고는 세계에 대한 인식에서 기원한다. 그들은 세계를 목적에 따라 질서 정연하게 움직이는 '이성'과 '법칙'이 지배하는 곳으로 파악한 제논은 모든 것은 이성과 법칙에 의해 섭리되어 있으며 우리는 그 안에서 사는 숙명적 존재라 하는 것이다. 때문에 우리는 세계에서 일어나는 일들을 제어할 수도 변경할 수도 없다. 다만 우리는 그에 대한 감정과 태도를 달리할 수 있을 뿐이다. 마치 연극에서처럼 자신에게 주어진 역할은 변경할 수 없지만 그 역을 어떻게 연기하는가는 하는 문제는 배우에게 달렸듯이, 행복도 그렇다고 제논은 말한다. 다시 말해 행복은 사건의 유 · 무에 의한 것이 아니

라 사건을 대하는 우리들의 태도에 달려 있다 한다. 이때 우리의 태도란 자신의 역할이 무엇인지를 아는 것, 그래서 불가능한 것을 위해 감정을 유발시켜 그에 시달리지 않고 무관심(apatheia)함으로 자유할 수 있다는 것이다. 이는 파토스(pathos)가 없는 것, 즉 외부의 영향을 받아 생겨나는 감정으로부터 초연한 상태를 말한다. 이들이 말하는 행복은 우리의 의지에 따른 선택의 결과가 아니라 필연적으로 주어진 법칙에 순응할 때 주어지는 행복이다. 이처럼 에픽테토스를 포함한 스토아 철학자들은 자유는 운명을 변경시키는 힘이 아니라 마음의 혼란이 없는 상태라 한다.

스토아학파는 마치 불교에서 무념무상의 세계를 이야기하듯이 감정이 일지 않은 상태를 지향한다. 그러나 이들은 사물로부터 거리두기를 해서가 아니라 오히려 그 사물에 내재해 있는 이성의 법칙을 깨달아 그것과 하나가 되는 삶을 이야기한다는 면에서 노자와 장자의 무위자연과 유사한 태도를 보이기도 한다. 이는 그만큼 그 시대는 서로 사상이 교합·교통하고 있었기 때문은 아니었을까.

그러나 이들 역시 쾌락주의자 들처럼 물질을 토대로 하여 사고를 연장해간다는 면은 다르지 않다. 그러나 쾌락주의가 개인의 감적인 측면에 보다 몰두했다면, 스토아학파는 이성과 사회적인 측면에 보다 역점을 둔다. 그들은 만물에 내재해 있는 이성의 법칙에 근거하여 만인이 같은 공동체원이라는 세계주의의 사상을 전개해간다. 이때 '이성'이라 함은 사유하거나 사물을 추론하는 능력을 가리키는 것이 아니라 자연 안에 내재해 있는 이성적 구조와 질서에 같이 하며 있다는 사실을 언명하는 것이다.

이러한 태도는 확대되는 공동체에서 새롭게 요구되는 법에 대해 정당성을 구하는 일과 밀접한 연관이 있다. 자연물이 그 안의 이성적 섭리 안에 지배되듯이 새로운 공동체는 사회의 이성이라 할 수 있는 법에 의해 지배되어야 하며, 사람은 이에 순응해 살아야 한다는 시대적 요청이 자리한다. 국가의 구성원이란 바로 이 사회의 이성인 법을 정의로서 공유할 수 있어야 한다는 것이다. 그럴 때에야 한 공동체원으로서 행복한 삶을 살 수 있다는 의미일 것이다. 급격하게 변화하는 사회에서 도대체 어떻게 해야 행복한 삶을 이어갈 수 있는가 하는 그 시대인 들의 고민은 한쪽으로는 개인이 가지는 즐거움으로, 다른 한쪽으로는 공동체와의 관련 속에서 지혜를 구하고 있음을 볼 수 있다.

끝없이 탐구함에서 오는 행복

이들과 더불어 또 다른 태도를 견지한 사람들이 있다면 그들이 바로 회의주의자들이다. 고대 그리스의 엘리스 출신인 피론(Pyrrhon, B.C 361~B.C 270)[4]에 의해 시발된 회의주의는 계속 탐구하는 태도를 행복의 조건으로 삼는다. 그들은 추구자, 탐구자라는 의미를 가진 고대 그리스어 'skeptikoi'에 근거하여 회의를 통해 계속하여 탐구해나갈 것을 피력한다. 왜냐하면 지식은 우리의 경험과 지각에 의존하는데, 우리의 지각은 늘 변화하기에 우리의 지식 또한 변화할 수밖에 없다는 것이다. 그러므로 절대적인 지식이란 있을 수 없다는 것이 이들의 생각이다.

우리는 늘 변화하며 있는 것과 더불어 늘 새로운 지식을 추구해나갈 수 있어야 하는 바, 때문에 회의와 탐구의 태도가 필요하다는 것이다. 그럴 때에야 변화하는 세계에서 그에 맞는 지식을 가지고 잘 살아갈 수 있다며 상황 안에서 일련의 추론 과정, 즉 관습과 법, 제도, 그리고 자신의 감정에도 일치하는

---

4) 그는 기원전 327년 알렉산더대왕과 인도원정에 동행하면서 고행을 통해 깨달음(nirvana)을 얻는 불교의 수행자들을 보게 된다. 이후 금욕과 절제라는 방법으로 영혼의 평정에 도달하는 일에 관심을 갖기 시작한다. 그에 관한 이야기는 그의 사상을 계승한 섹스투스 엠피리쿠스(Sextus Empiricus)가 쓴 『피론주의의 개요. *Outlines of Pyrrhonism*』에 의해 전해지고 있다.

조심스러운 삶을 살아갈 것을 이들은 역설한다. 그것이 회의주의자들이 추구하는 행복의 조건이다.

회의주의자들의 이러한 태도는 이후 학문의 발전에 지대한 영향을 끼치며 인간이성의 사유함에 원동력으로 작용하기도 하고, 때론 염세주의로 이어지기도 한다. 그러나 어찌되었든 쾌락주의의 즐거움이던, 스토아학파의 지혜이던, 회의주의의 지속적인 탐구이던 이들의 주장은 모두 일정한 지식과 시간, 부를 가진 사람들의 이야기일 것이다.

지식을 습득할 자유가 없고, 물질을 얻기 위해 끊임없이 노역에 동원되어야 하며, 그로 인하여 자신의 삶을 성찰할 시간조차도 없었던 사람들은 어떠했을까. 혹 그들은 행복조차도 꿈꿀 수 없었던 것은 아닐까. 역설적이지만 행복하지 않을수록 행복하기를 더 원하기 마련이라면 그들이야말로 행복에 대한 열망이 더 간절하지 않았을까. 그렇다면 그들은 어떤 행복을 원했을까. 그들은 현실의 버거운 삶을 벗어날 수 있는 다른 세상을 꿈꾸지는 않았을까. 실제 다수를 차지하는 그들의 열망이 신플라톤주의의 등장을 낳고 이후 종교 시대를 열어간 것은 아니었을까.

이곳이 아닌 저곳에서 구하는 행복

이집트에서 태어난 플로티노스 (Plotinos, 204~270)는 어쩌면 사람들의 이런 열망을 간파했는지도 모른다. 그는 이 세상과 다른 초월적 세계를 상정한 플라톤의 사상을 토대로 하여 만물에 질서를 부여하며 이를 종교적 구원론과 결합시킨다.

플로티노스

그는 플라톤과 같이 사람을 물질적 존재가 아닌 영혼을 가진 존재로 파악하지만, 사람은 신에 의해 창조된 존재로 이야기하지는 않는다. 신이 창조를 할 경우에는 신 역시 변화를 겪을 수밖에 없다고 본 플로티노스는 불가분적이며 변형 불가한 절대적 동일체로서 '일자(the one)'를 따로 상정하며 창조가 아닌 '유출(emanation)'을 이야기한다. 일자는 창조하지도 창조되지도 않는다. 그의 사상의 특징은 바로 이 '일자'라는 신 개념에 있다.

일자는 필연적으로 만물을 낳기는 하지만 창조하지는 않는다. 만물은 신의 창조행위에 의해서가 아니라 일자에 근거하여 필연적으로 존재할 뿐이다. 마치 태양과 빛의 관계처럼 만물은 신의 넘치는 능력에 따라 생겨난다. 플로티노스는 빛이 미치는 정도에 따라 형태가 흐려지듯이 그에 따른 존재의 위계질서를 구축한다.

그는 일자로부터 최초로 유출된 것을 정신(nous)이라 하며 이를 보편지성으로 이후 세계를 만들어가는 토대로 이야기한다. 세계는 일자가 아닌 바로 이 보편지성인 정신과의 연속적인 관계로 이루어지며, 일자로부터 멀어지는 거리에 따라 세계의 영혼은 인간의 영혼을 낳고 물질의 세계로 이어지며 결국에는 무의 경계선에 이른다고 한다. 플로티노스는 빛이 전혀 미치지 않는 악을 존재의 위계질서 맨 아래에 두면서 위로 향하는 것을 선으로, 아래로 향하는 것을 악과 연결시킨다. 그에 의하면 악은 빛의 부재에 기인하는 것이다.

우리에게는 정신과 물질이 함께 하는 바, 우리는 늘 이 둘의 갈등 속에 있다며 플로티노스는 물질과 영혼의 투쟁에 근거하여 선악을 설명한다. 이때 갈등은 외적인 어떤 것에 의해서주어지는 것이 아니라 우리의 내부 안에서 욕망을 자제하지 못하여 생기는 무질서이다. 다시 말해 물질적 욕망에 이끌려 질서를 부여하는 정신의 빛이 점차 흐려지는 것이 악의 길이라 한다면, 영혼은 마치 물질에 형상을 부여하듯이 그것이 그것으로 드러나는 물질에 질서를 부여하기에 위로 향할 때 우리는 선한 삶을 살게 된다는 것이다.

플로티노스의 물질과 전혀 관계하지 않는 신에 대한 요구와 정신과 물질, 그리고 선과 악에 대한 이와 같은 설명은 모든 존재하는 것들의 존재 체계를 설정하고자 하는 데 우선적인 이유가 있다. 질서의 단계를 통해서 사람은 올바른 사유를 할 수 있어야 하는 바, 개체성에서 벗어나 보다 보편적이고 근원적인 것으로 이를 수 있기 위해서는 모든 것을 가능하게 하는 보다 근원적인 원인으로서 일자가 전제되어야 하는 바, 플로티노스는 일자를 통해서 이를 효율적으로 설명하면서 동시에 영혼의 활동으로 사람들의 지적활동을 승화시켜나간다. 다시 말해 플로티노스는 영혼의 활동으로 만물의 원천이자 인간이 회귀해야 하는 근원으로 이르는 교의를 전개시키며 새로운 세상에 대한 열망을 충족시켜가는 것이다. 그의 이러한 사상은 그의 사후 제자인 포르피리오스(Porphyrios, 234~305)가 편찬한 6편의 『엔네아데스 *Enneades*』를 통해서 알려지고 있다.

우리는 왜 철학을 이야기하는 것일까
왜 밀레토스인가
사물의 근본 실체는 무엇인가
왜 모든 것은 변화하며 있는가
다양한 사물이 생겨난 원인은 무엇인가
사물과 그것의 원리는 같은 것인가 다른 것인가
실재하는 질료로부터 우리는 무엇을 아는가
무엇이 진리인가
진리는 어디에 있는가
무엇이 우리를 행복하게 하는가
무엇이 우리를 구원하는가
신은 어떻게 실재하는가
신도 사물처럼 실재하는가
신은 이름뿐인가
우리는 어떻게 신에 이르는가
우리는 참다운 지식에 이를 수 있는가
우리가 아는 것은 무엇인가
어떤 공동체이어야 하는가
실존에 대한 물음으로
형이상학은 무엇인가
참다운 인간의 본성은 무엇인가
이미지에 의해서 지배되는 사회에서 무엇이 사실인가
자본주의 사회 이후를 내다보며

3

중세

;

사람에서 신으로

무엇이 우리를 구원하는가

　자연과 마주하며 자연에 대해 묻고 자연으로 설명해 가던 사람들은 사람과 더불어 공동체를 형성하며 자연 속에서 보다 더 바람직한 인간의 삶에 대해 물어나가기 시작한다. 그리고 이를 통해 인간, 공동체, 지도자에 대해 묻고 답하던 사

람들은 자신들의 한계를 직시하며 보다 완전한 것에 대해 열망하기 시작한다. 그리고 모든 것을 신의 이름으로 재편해 간다. 이름하여 신의 시대라 할 수 있는 증세를 여는 것이다.

신의 은총으로

아우구스티누스

철학을 종교적 구원과 연결시켜 나간 플로티노스는 이후 사람들의 사고를 지배하면서 종교를 중심으로 하는 새로운 사회를 열기는 하지만, 그의 사유는 힘없는 많은 사람들의 바람과는 달리 신분의 위계 질서를 오히려 공고히 해나가는 측면이 있다. 부패한 도시를 혁신하면서도 이 세상의 질서와 안정을 도모하고자 하는 플로티노스의 사상을 보다 심화시키며 종교적 세계에 대한 열망을 더욱 확고히 해나간 사람이 있다면 그가 아프리카 타가스테에서 태어난 아우구스티누스(Augustinus, 354~430)이다.

그는 자신의 개인적 경험⁵⁾을 통하여 이전의 다양한 사유들이 가지는 한계를 면밀히 고찰하면서 그만의 독특한 철학을 전개시켜나간다. 그는 신의 전권적인 힘을 이야기하는 '무로부터의(ex nihilo) 창조', 모든 것을 창조의 질서 속에서 가능태와 현실태로 드러나는 과정으로 설명하는 '배아의 원리(rationes seminales)', 이 세상의 악에 대해 설명하는 '선의 부재로서의 악', 구원은 오직 신의 의지에 의한 것이라는 '은 총설', 죄는 인간의 책임이라는 '인간의 자유의지(liberum)'[6], 이 세상은 단순한 물질이 아닌 신에 의지가 드러나는 세계라는 '역사하는 신' 등과 같은 기독교의 중요한 교리를 만들어 간다.

그의 이러한 사상에는 개인적 경험이 깊숙이 관여되어 있다. 세상의 그 어떤 것으로부터도 참다운 행복과 평화를 얻지 못한 아우구스티누스는 참다운 진리를 구하고자 하는 일련의 과정이 그의 사상으로 고스란히 드러난다. 아우구스티누스는 변화하는 세계에 근거해서는 어떤 지적인 확실성도, 참다운 지혜도, 정신적인 평화도 얻을 수 없다며 지속적이고 온전한 평화를 위해서는 영원한 진리(the eternal truth)인 신

---

5) 아우구스티누스의 방탕한 생활과 이교도의 신앙, 어머니의 기도, 그리고 회심에 이르는 개인 경험에 대한 고백은 그의 책 『고백록』에 자세히 기술되어 있다.

6) 만인이 소유하는 의지의 자유(liberum)는 정신의 자유(libertas)와 다르다. 인간 의지의 자유는 현실 안에서 잘못 사용하여 죄를 부르기도 하지만 정신의 자유는 이 세상에서 결코 충족될 수 없는 것으로 신의 은총에 의해서만 가능하다. 악은 자유의지와 관련이 있지만 정신의 자유는 덕과 관련이 있는 것이다.

에 근거하여야 한다고 주장한다. 사람은 영혼을 가진 정신적인 존재로 창조되었기에 단순히 사물의 고유한 본질을 파악하는 것만으로는 행복할 수 없고 사랑을 통해서만 행복할 수 있는 바, 그것이 바로 신에 대한 사랑이라 하는 것이다. 사물이나 다른 사람을 사랑하는 일은 늘 기대 이상을 바라는 무질서한 사랑이 되기 쉬운 반면, 무한한 신에 대한 사랑은 우리의 요구를 온전히 충족시켜줄 수 있다며 아우구스티누스는 우리는 신을 사랑함으로서만 참다운 행복에 이를 수 있다고 주장한다.

아우구스티누스는 때문에 세계를 플라톤처럼 '지상의 나라(civitas terrena)'와 '신의 나라(civitas dei)'를 구분하며 이두 나라 사이의 긴장관계를 역사로 이야기한다.[7] 아우구스티누스는 신에 대한 사랑을 도덕성의 원리로 삼아 국가는 죄가 가득한 세계에서 필연적으로 등장하는 통제의 대리자로서, 정의는 신의 고귀함을 모든 사람에게 분배하는 영혼의 습관으로 이야기한다. 스토아학파가 이성의 원리인 누스(nous)를 자연법칙의 구성요소로 여겼다면 아우구스티누스는 영원의 법을 기독교의 인격적인 신의 이성과 의지로 파악

---

7) 아우구스티누스는 413년에 쓴 『신국론 *De Civitate Dei*』에서 이에 관해 소상히 이야기한다.

한다. 즉 영원의 법은 곧 신의 이성으로 이는 사물의 자연적인 질서를 유지시켜주고 사회의 혼란을 막아주는 신의 의지라는 것이다.

철학의 위안으로

아우구스티누스가 주장한 무로부터의 창조, 신의 일방적 의지에 따른 은총설 등과 같은 신의 전권적인 힘, 그리고 그에 대한 신앙의 강조는 이방세계와 대면하면서 끊임없이 기독교를 변호하고 형성해가는 일과 깊은 관련이 있다. 이는 당시 유럽사회가 기독교로 변화해가는 과정 중에 있음을 반증한다. 사회가 기독교화가 되어갈수록 그들의 주장도 점차 보편적으로 바뀌어가는 것이 사실이다. 그러한 여정에서 중요한 역할을 한 사람 중 한 명이 보에티우스이다.

보에티우스(Anicius Manlius Severinus Boethius, 480~524)는 고대 그리스의 문헌들을 라틴어로 번역함으로써 새로운 종교 공동체를 이룬 중세 유럽사회로 나아가는 데 중요한 역할을 한 인물이다.[8] 특히 그는 아리스토텔레스의 사상을 토대로 하여 최고의 선으로 이르는 길을 '지혜'에서 구함으로써 아우구스티누스와는 다른 방식으로 신에 이르는 길을 제

보에티우스

시한다. 그에 의하면 지혜란 실재, 즉 그 자체로 존재하는 그 무엇으로 모든 사물을 야기하는 살아 있는 사유라 한다. 그런 의미에서 지혜는 모든 사물을 낳은 신에 대한 사랑과 다르지 않다며 보에티우스는 지혜에 의해 신에 이르는 '자연신학'을 구축한다.

보에티우스는 자연 안에 있는 수많은 사물들에 대하여 다음과 같이 물어나간다. 우리가 자연물을 구별하는 유와 종은 실제로 자연에 존재하는가, 아니면 단지 정신의 구상물에 지나지 않는가. 그것들이 실재라 한다면 그것은 물질적인가, 물질적이지 않는가. 그리고 그것들은 감각적인 사물과는 별개로 존재하는가, 아니면 그것 안에 존재하는가를 물어나간다. 그리고 인간사유의 대상과 정신 외부에 존재하는 대상 사이의 문제를 심도 있게 고찰하면서 정신이 개념을 형성하는 방식을 '합성'과 '추상'이라는 두 가지 방식으로 구분해 설명한다.

---

8) 보에티우스는 아리스토텔레스의 저작을 비롯하여 플로티노스의 제자인 포르피리오스 (Porphyrios, 232~305)와 스토아 철학자였던 키케로(Marcus Tullius Cicero, B.C 106~B.C 143) 등 당시의 중요한 그리스 철학자들의 저작을 라틴어로 번역하여 중세로 이어주는 역할을 한다.

그에 의하면 합성은 기존의 개별자와 개별자를 혼합하는 것으로, 추상은 개별자로부터 술어를 부분적으로 이끌어내는 것으로 설명하면서 유와 종과 같은 관념은 정신에 의해 현실의 개별자들로부터 추상된 것으로 참된 관념이라 한다. 유와 종과 같은 관념은 개별 사물들 속에 존재하나 그것이 정신에 의해 사유될 때 보편관념이 된다는 것이다. 보편관념은 이와 같이 대상과 정신 속에 동시에 존재하는 것으로서, 보에티우스는 이에 근거하여 보편자를 설명하며 자연신학을 전개시켜나가는 것이다.

사물 안에 내재하고 정신에 의해 사유되는 보편관념은 보편자에게로 귀결되어지는 바, 보편자는 개별자로부터 추상된 것으로 모든 자연 안에 내재하며 정신에 의해 사유되는 것이다. 그러므로 우리는 지혜를 따라 추구하면 보편자인 신을 사유할 수 있다고 그는 이야기한다. 그의 이러한 사상을 가장 잘 보여주는 것이 『철학의 위안 De Consolstione Philosophiae』이다. 그가 파비아에 수감되어 있는 동안에 쓴 이 책은 지혜를 사랑하는 철학으로 인간은 참된 행복을 주는 최고선 '신'에게로 다가갈 수 있음을 이야기한다. 그의 이러한 사상은 그가 삼학(tivium)이란 이름으로 문법, 논리학, 수사학을 논하며, 사학예(quadrivium)라 하여 대수, 기하, 천문, 음악으로 교양과목을 논하는 까닭에서도 그대로 읽힌다. 그는 신에 이르는 길을 이처럼 일반 학문, 특히 철학을 통해 이루어가고자 하는 것이다. 그의 지혜를 사랑하는 철학에 대한 추구는 이후 중세에 지속적인 영향을 미치기는 하지만 토마스 아퀴나스에 이르러서야 결정적인 역할을 하게 된다.

존재의 위계질서 안에서

중세를 형성한 또 다른 사상적 특성은 신플라톤주의에 토대를 두고 이를 기독교 사상과 연계해 나간 사이비 디오니시우스이다. 사이비 디오니시우스는 한 사람이라기보다 일군의 사상적 집단으로 보는 것이 타당하다는 것이 지배적인 견해이다. 왜냐하면 디오니시우스란 이름으로 전해진 저서가 공간적으로 그리고 시간적으로 매우 광범위하게 나타나기 때문이다. 그럼에도 이들이 디오니시우스라는 일관된 이름을 쓰는 것은 이들 사이에 매우 공통된 주장이 있기 때문이다. 즉 세계에 대한 기원과 신에 대한 지식, 그리고 악의 본질에 대해 설명하는 방식이 크게 다르지 않기 때문이다.

이들은 신플라톤주의의 유출설과 기독교의 창조론을 결합시키면서 세계는 신의 섭리의 대상이며, 세계는 인간과 신 사이에 천상의 영혼이라 불리는 존재들의 위계질서로 이루어졌다고 이야기한다. 그러나 이들 존재의 위계질서는 최하위의 존재에서 최상의 존재에 이르기까지 연속적으로 이루어졌으며 존재하는 모든 것들의 목적은 신이라 한다. 이들은 이에 근거하여 신에 이르는 두 가지 지식 즉 '긍정적인 방법'과 '부정적 방법'을 논구한다.

긍정적 방법은 신과 인간은 완전성의 정도에 따라 다르기는 하지만, 바로 그렇기에 사람은 어느 정도 신에 속하는 선, 빛, 존재, 합일, 지혜, 생명과 같은 개념을 가진다며 이를 통해 우리는 현실 안에서 신을 알 수 있다 주장한다. 그러나 이들은 긍정의 방식보다는 부정의 방법을 더 중요시한다. 부정의 방법은 인간과 신과의 동성론적 의식을 제거하고 신의 절대적 독립성을 부여하기 위한 방법으로, 신에게서 인간이 가지는 속성을 제거해가는 과정(via remotionis)을 통해 사람은 사람이 도저히 도달할 수 없는 신만의 세계(tenebrae incohnoscibitatis)에 도달할 수 있다고 하는 것이다. 이때 우리가 알 수 있는 것이란 신이 우리와 같지 않다는 사실만을 확인할 뿐이라며, 이들은 인간 지혜가 가지는 한계를 인정한다. 그리고 오직 신에 대한 믿음을 강조하는 것이다.

이들의 이러한 사상은 악에 대한 언사로 이어진다. 존재하는 것은 존재의 위계질서 안에서 있어야 하며 이는 다시 신에게로 나아가는 바, 존재하는 것은 모두 선한 것이다. 따라서 악이란 존재하지 않는 것이라 한다. 즉 존재는 선한 것이며, 악은 부재한다는 이들 사상은 이후 중세 전반을 지배하며 큰 영향을 미친다.

모든 것과 더불어

이러한 사상들을 체계적으로 정립시킨 사람은 아일랜드

에리우게나

수도사 요하네스 스코투스 에리우게나(Johannes Scotus Eriugena, 810~877)이다. 당시 그리스어를 아는 몇 되지 않는 사람인 에리우게나는 자유롭게 그리스 문헌을 읽고 연구하며 이전 철학을 자신의 입장

에서 새롭게 정립해간 매우 뛰어난 사람이었다. 그가 864년에 쓴 『자연 구분론 *De Divisione Naturae*』은 바로 이러한 그의 사상을 잘 대변한다.

그는 이 책에서 자연은 존재하는 모든 사물을 의미한다며 신과 피조물 모두를 포괄하는 범신론적 자연을 이야기한다. 에리우게나는 우리가 실재하는 자연을 이해하는 방식에는 두 가지가 있는데, 하나는 보편적인 것에서부터 개별적인 것에로 나오는 '구분'이고, 다른 하나는 그와 반대로 개별적인 것에서 보편적인 것으로 나오는 '분석'이라고 한다. 그는 정신이 무엇인가를 구분하고 분석할 때 그것은 단지 개념들만을 다루는 것이 아니라 이와 더불어 사물들이 어떻게 존재하고 행동하는가를 기술한다고 한다. 다시 말해 사유의 법칙과 실재의 법칙이 평행을 이룬다는 것이다. 그러기에 신이 궁극적인 통일체라 한다면 사물과 이 세계는 근본적인 통일체의 구분된 요소들이며, 분석은 사물들이 신에게 회귀하는 과정이라는 것이다.

그에게 있어 세상은 유일한 실재가 이렇게 저렇게 분리되고 분석된 것에 지나지 않다는 것이다. 따라서 그는 자연을 다음과 같이 네 가지로 구분하여 설명한다. 첫째는 창조하지만 창조되지 않는 자연인 원인으로서의 신, 둘째는 창조되며 창조하는 자연인 사람, 셋째는 창조되지만 창조하지 않는 자연으로서의 사물, 그리고 넷째는 창조하지도 창조되지도 않는 자연인 목적으로서의 신이다. 에리우게나의 자연에 대한 이러한 해석은 당시 상황에서 획기적인 것으로 이후 신과 자연, 보편에 대한 논쟁을 불러일으킨다.

신은 어떻게 존재하는가

신도 사물처럼 존재하는가

안셀무스

에리우게나로부터 촉발된 보편자에 대한 논쟁은 이후 다양한 형태의 신 존재 증명으로 이어진다. 안셀무스(Anselmus, 1033~1109)로 대표되는 '과장된 실재론자'들은 신은 사물이 존재하듯이 신 역시도 실제로 존재한다고 주장한다. 그는 모든 사람이 사람이면서 보편자인 인간이기도 하듯이 각각의 위격(persona)은 신이지만 전체적으로는 유일한 신을 이룬다는 차원에서 신은 우리와 같이 실재한다고 주장하는 것이다.

안셀무스는 기독교의 교리를 위한 이성적 접근을 위해 철학과 신학을 구분하지 않는다. 그러나 그는 신에 대한 진리를 이성으로 발견하고자 하는 것이 아니라 신앙의 대상을 이해하기 위해 이성을 도입하는 '이해를 추구하는 신앙'을 주창한다. '나는 믿기 위해 이해하는 것이 아니라 이해하기 위해 믿는다'는 그의 유명한 말처럼 그는 이미 신의 존재를 전제하고 출발한다.

그는 『독어록 *Monologium*』에서 철학적으로 신의 실재를 세 가지로 증명을 해 보인다. 첫째, 사람들은 선한 것을 추구하는 경향이 있는데 이는 선한 것으로 비교, 판단할 수 있는 선 자체 최고선이 존재해야 가능하다. 둘째, 모든 존재하는 것은 그것이 존재하게 하는 원인이 그 자체로 존재해야 한다. 셋째, 존재에는 여러 정도와 단계가 있기 마련으로 이를 소급해 올라가면 최상의 완전한 존재에 도달하게 된다. 안셀무스는 이를 토대로 하여 『대어록 *Proslogium*』에서 본격적으로 신 존재증명을 시도한다. 이 책의 부재가 '이해를 추구하는 신앙'인 것처럼 그의 신 존재 증명은 경험적이거나 논증적이기보다는 매우 사변적이다. 그는 신을 우리가 실제로 존재하는 것 중에 가장 위대한 것으로 이야기한다. 아무리 위대한 것도 실제로 존재하지 않으면 위대할 수 없기에, 가장 위대한 존재는 실제로 존재해야 한다는 것이다.

신은 이름뿐인가

신의 실재를 믿는 사람들과는 달리 신은 이름뿐이라며 실재론을 반박하면서 나오는 이들이 유명론자이다. 그중에 대표적인 사람이 로스켈리누스(Roscellinus, 1050~1125)이다. 그는 실재하는 것은 자연 내에 존재하는 개체들이라며 종과 유와 같은 일반적 용어는 단지 문자나 말에 의해서 주어진 것일 뿐 실재하는 것이 아니라 한다. 그에 의하면 보편자 역시 이러한 허사나 명사와 같이 실재하는 것이 아니며 신은 단지 이름에 지나지 않는다고 주장한다. 그는 보편자는 사물에 대응할 수 없다며 보편자를 사물화하려는 모든 시도를 거부한다. 그의 이러한 주장은 기독교의 중요한 교리 중 하나인 삼위일체의 신론에 반하는 결과를 낳으면서 커다란 반항을 불러일으킨다.

신은 감각적 대상과 분리하여 개념으로 존재한다

신에 대한 양 극단적인 사유, 즉 실재론과 유명론을 종합하는 사람이 프랑스의 수도사 페트루스 아벨라르두스(Petrus Abaelardus 1079~1142)이다. 그는 이 두 극단적 사유를 결합한 '온건 실재론(realismus moderatus)'을 주창한다. 우리는 어떤 개체(individuum)를 경험할 때 그것을 단지 보기만 하

아벨라르두스

는 것이 아니라 그것을 사유하며 이해하기도 한다. 이는 대상을 가지기도 하지만 대상을 가지지 않기도 하다는 뜻이다. 이때 정신은 대상이 아닌 개념을 두 가지로 형성한다고 아벨라르두스는 이야기한다. 즉 정신이 개체의 개념을 형성하기도 하지만 이와 더불어 보편 개념을 형성하기도 한다는 것이다. 그런 의미에서 보편은 개체로부터 추상되지만 그 존재방식은 감각적 대상과 분리하여 존재한다며, 그는 보편과 개별의 존재방식을 달리하여 설명한다. 즉 정신의 개념으로서의 보편자는 개념에 근거를 제공하는 실재를 나타내고 있는 단어이자 개념으로, 보편자는 존재방식이 아닌 이해방식으로 실재한다는 것이다.

우리는 어떻게 신에 이르는가

신에 대한 서로 대립되는 두 주장, 즉 유명론과 실재론의 대립과 종합은 사람들로 하여금 신앙에서 이성의 역할에 대한 인지를 하기에 이른다. 따라서 이 문제는 이후 신앙과 이성의 문제로 다시 되물어진다. 이때 중요하게 역할하는 사람들이 이슬람 철학자들이다.

9~12세기 페르시아와 스페인을 거점으로 하는 이슬람 공동체는 그리스 철학, 특히 아리스토텔레스의 철학을 서구 중세에 전달하는 중요한 역할을 한다. 실제로 많은 그리스 문헌들은 아랍어로 번역된 후에 다시 라틴어로 번역되는 과정을 겪는다. 이때 중요한 역할을 한 사람이 페르시아인 아비센나와 스페인 출신의 아베로에스[9], 그리고 유대인인 마이모니데스이다.

이성과 신앙의 구별을 통해서

아비센나(Avicenna, 980?~1037)는 아리스토텔레스와 신플라톤주의를 결합한 독특한 창조론을 이야기한다. 그에 의하

---

9) 아랍어로 아비센나는 이븐시나(Ibn Sina)라 부르고, 아베로에스는 이븐루시드(Ibn Rushd)라 부른다.

아비센나

면 모든 것은 그것이 존재하게 되는 원인을 가지는 바, 더 이상 원인을 가지지 않는 제1원인을 신으로, 그 사이에 존재하는 것을 가능존재로 말한다. 그런데 이 신은 충만한 존재(being)이기에, 창조는 신에 의지에 의한 것이 아니라 필연적이며 시간 안에 일의적인 것이 아니라 영원히 창조활동을 한다는 데 특징이 있다. 뿐만 아니라 그는 존재의 등급을 10등급으로 나누고 그 순서에 따라 연속적으로 창조가 이루어지는 것으로 이야기한다.

사람은 지성의 맨 마지막 단계인 매개지성(intellectus agens)에 의해 영혼, 정신, 형상을 부여받는다. 그런 의미에서 매개적 지성은 사람을 창조하는 부여자(dator formatum)이며, 지성의 맨 마지막에 위치하는 사람은 가능지성을 가진다. 사람이 능동지성이 아닌 가능지성을 가졌다는 이야기는 사람의 인식행위는 저절로 되는 것이 아님을 뜻한다.

아비센나는 존재와 본질을 구별한다. 인간지성에 내재하는 지식은 외부적으로 우리가 감각 가능한 대상을 지각하게 하는 육체적 감관과 내부적으로 기억 또는 상상 안에 있는 대상들의 상을 보유하는 힘을 가지지만, 추상의 힘을 통해 개별 사물에 내재하는 본질이나 보편자를 발견하는 힘을 따로 구하여야 하는 바, 바로 매개적 지성이 인간 정신의 본질에 존재를 부여하도록 조명한다는 것이 아비센나의 주장이다. 이처럼 아비센나는 존재와 본질을 나누며 이에 따른 이성과 신앙을 구별하고 이의 관계를 설명해가려 한다.

신앙에서 이성으로

아베로에스

반면에 중세의 유일한 주석가로 이름을 날리며 자연이 낳은 가장 완전한 인물로 존중받던 아베로에스(Averroës, 1126~1198)는 아비센나가 말한 창조론도, 본질과 존재 간의 구별도, 매개지성도 영혼불멸설도 모두 부인한다. 아비센나의 주장은 실제적인 차이가 없는 단지 목적을 위한 논리적인 차이만을 언급할 뿐이라며 아베로에스는 신앙이 아닌 이성에 대한 논의를 구체적으로 해나간다.

아베로에스에 따르면 세상에는 두려움에 이끌리는 상상의 세계를 사는 사람과, 신앙을 위해 지적추구를 해나가는 신학자들, 그리고 지식으로 행동하는 철학자가 있다고 한다. 이들이 설사 같은 목적을 추구한다고 하더라도, 그 내용과 방법, 그리고 진리는 서로 다르다는 것이 그의 입장이다. 그에 의하면 철학자는 종교적인 인간과 이성적인 신학자가 진리를 추구하는 방식과는 다른 방식, 즉 직접적으로 진리를 인식한다. 종교적인 신앙이 철학적인 사유를 할 수 없는 사람들에게 철학적인 진리에 접근할 수 있게 해주는 역할은 하지만 이들은 자신들의 사상에 고정되어 이성의 힘을 제대로 발휘하기 어렵다고 한다. 그리고 인간이 추구해나갈 참된 진리의 세계란 이성에 의한 철학적인 사유라 아베로에스는 주장한다.

신앙과 이성의 조화

마이모니데스

아베로에스와 동시대인인 유대 철학자 모세스 마이모니데스(Moses Maimonides, 1135~1204)는 아비센나와 아베로에스의 주장이 가지는 문제가 무엇인지를 알고 이 둘의 조화를 통해 참된 세계로 나아갈 수 있기를 모색한다. 그는 기독교의 창조설은 신앙의 문제이며 인간은 매개지성만이 아니라 능동지성을 획득해야 하는 바, 수학과 자연과학, 율법연구, 형이상학, 철학적 신학의 질서정연한 방식으로 훈련하고 강화해나갈 필요가 있다고 주장한다. 그때 신 존재 증명 역시도 가능하다며 마이모니데스는 아리스토텔레스와 아비센나에 의지하여 신을 제1의 동인으로, 필연적인 존재로, 제1원인으로서 증명해 보인다.

마이모니데스는 이에 근거하여 인간 삶의 목적을 인간이 도달할 수 있는 완전성에 이르는 것, 즉 소유의 완전성, 육체의 구성과 모양의 완전성, 도덕적인 덕의 완전성, 그리고 최상의 단계인 이성적인 덕의 획득을 이야기한다. 그는 신앙의 문제도 이러한 합리적 설명으로 가능하다며 성서도 합리적 방식으로 읽어나갈 것을 이야기한다. 그러나 그는 여전히 신에 대한 속성은 부정적으로만 인지할 수 있다고 한다.

그의 이러한 사상은 13세기 철학에 지대한 영향을 미친다. 이슬람 학자들에 의해 아리스토텔레스의 문헌을 접한 마이모니데스는 자신들의 성서인 『구약성서』와 그리스 철학 및 과학이 서로 조화를 이루고 있음을 주장한다. 그는 『방황하는 자들의 인도자 *Dux Perplexorum*』라는 저서에서 유대교의 교리가 철학적 사상과 조화를 이루고 있을 뿐만 아니라 신앙은 이성으로 발견할 수 없는 확실한 통찰을 보여준다고 한다. 그에 의하면 신앙과 이성은 모순되는 것이 아니라 각기 독특한 형식을 가질 뿐이라며 이슬람 철학자들의 사유를 다시 유럽 사유와 연계시키는 중요한 교량역할을 한다.

이성에 의한 신앙과의 종합

아퀴나스

이성과 신앙에 대한 이전의 다양한 주장과 태도를 하나로 집대성시키는 사람이 중세 교부 철학자 토마스 아퀴나스(Thomas Aquinas, 1225~1274)이다. 나폴리에서 태어난 아퀴나스는 플라톤, 플로티노스를 이어가는 아우구스티누스는 물론 스토아 철학 등을 비롯한 고대 철학과 중세의 기독교 여러 신학자들과 이슬람과 유대 철학에 이르기까지 광범위한 철학 사상을 통찰하면서 이를 아리스토텔레스의 철학 위에서 새롭게 개진해간다. 그의 이러한 지적 추구는 중세의 교회교리 공부를 가르치는 교회학교 스콜라(schola)를 중심으로 이루어졌다는 의미에서 '스콜라주의자'라 불린다. 스콜라 철학은 새로운 형태의 철학을 제기하기보다 이전의 전통적인 사상을 일관된 체계로 구축해가는데 특징이 있다. 이는 유럽사회가 이미 기독교로 통합 하나의 종교 공동체가 되었다는 것을 의미하기도 한다.

아퀴나스는 신학을 집대성하기 위한 방법으로 철학과 변증법적인 논의를 전개해간다. 아퀴나스는 연역의 논리에 따라 복잡한 체계를 만들어 이성적 논증에 의한 신학적 진리를 수용함과 동시에 이미 계시된 진리를 이해할 수 있기를 바란다. 모든 지식은 감각대상에 대한 우리의 경험에서 시작해야 하는 것으로, 일상적인 대상들부터 신에 이르는 범위의 지식도 가능할 수 있다고 보며 그 유명한 다섯 가지 방식의 신 존재 증명을 해나간다. 그것이 '운동', '작용인', '필연적 존재'를 통한 증명과 '완성성'과 '질서'를 통한 증명이다.

그는 먼저 운동인으로서의 신 존재 증명에 대하여, 사물의 변화와 운동하게 되는 인과적 연관을 따라 가다 보면 운동의 제1원인, 자신은 움직이지 않고 다른 것을 움직이게 하는 제1의 동자가 있는데 이것이 바로 신이라 한다. 아퀴나스는 운동의 제1원인으로서 신을 설명하면서, 운동이란 가능태에서 현실태로의 변화라 하며 생성과 창조의 관념을 이에 포함시킨다.

두 번째 방식으로 그는 사건들의 연관으로서 신을 설명한다. 세상의 모든 것은 그것을 만든 작용인이 있기 마련이다. 작용인의 작용인을 따라 소급해 올라가다보면 더 이상 거슬러 올라갈 수 없는 제1의 작용인을 만나게 되는데 그것이 신이라는 것이다. 이때 아퀴나스는 원인은 결과에 선행한다며 연속적 계열 속에는 복잡한 순서가 있음을 분명히 한다.

세 번째 필연적 존재를 통한 증명 역시 같은 논리로 설명하지만, 그는 이를 통해 모든 사물은 가능성으로만 존재하는 것임을 먼저 피력한다. 그러나 신은 이와 달리 다른 것을 필요로 하지 않는 현실태로서 다른 것의 필연성을 야기한다는 면에서 신이라 한다.

네 번째 완전성에 대한 증명과 우주의 질서를 통한 증명은 이전과는 조금 다른 형태를 취한다. 즉 세 번째까지는 인과적 설명이었다면 네 번째와 다섯 번째에서 그는 존재론적 설명을 시도한다. 사물들 사이에는 여러 가지 방식으로 비교되고 분류 되는 바, 모두를 포괄할 수 있는 최상의 완전한 존재가 있어야 한다며 아퀴나스는 이를 신이라 한다.

마지막 다섯째 증명에서는 우주는 질서정연하게 움직이고 있다는 점에서 출발한다. 그것은 어떤 면에서 예측 가능하게 움직이고 있는 것으로 이는 우연이 아닌 모든 것을 질

서 정연하게 움직이게 하는 존재가 있기 때문이라 한다. 아
퀴나스는 우주의 모든 것들이 그것의 목적에 부합하는 행위
를 하도록 이끄는 지성적 존재가 있는데 그것이 바로 신이라
이야기한다.

아퀴나스는 이와 같이 신 존재 증명을 통해 신을 불변하
는 영원한 존재로, 창조력을 가진 자로, 필연적 존재로, 순수
한 현실태로, 완전성 그 자체로, 그리고 최고의 지성으로 설
명한다. 하지만 신 존재 증명이 곧 신의 본질을 이야기하는
것은 아니다. 신의 본질은 여전히 부정적 방법에 의존할 수
밖에 없지만 우리는 '유비적(analogy)'인 방법으로 어느 정도
신의 본질에 대해서 알 수 있기도 하다고 아퀴나스는 이야기
한다. 왜냐하면 세상은 신의 창조물이기에, 신과 피조물 사
이에는 유사점이 있을 수밖에 없기 때문이라 한다. 유사하다
는 것은 신의 본질을 피조물도 어느 정도 소유한다는 것으
로, 그는 신과 피조물 사이에는 공통의 속성이 있기 마련이
라 한다. 아퀴나스는 이미 우리 안에는 신의 속성인 능동 지
성이 있기에 그 지성의 활동으로 존재의 질서를 찾아가면 신
에 이를 수 있다는 것이다. 토마스 아퀴나스는 세계는 영원
에서 무로부터 질서정연하게 창조되었기 때문이라 한다.

그의 이러한 사상은 인간의 행복과 윤리 그리고 법에 이르기까지 일관성 있게 이어진다. 그는 도덕을 '선을 행하고 악은 피하는 것'이라 하며 이를 실현해가는 네 가지 형태의 법을 이야기한다. 먼저 신의 이성에 의해 지배되는 우주만물에 내재하는 '영원한 법'과 이성적인 피조물 내에 영원한 법이 관여하는 방식인 '자연법', 자연법의 기초 원리에서 특정한 문제들을 위해 인간이성이 고안한 '인간법', 그리고 계시나 성서를 통해 인간에게 주어지는 신의 은총인 '신법'이 그것이다.

아퀴나스는 사람은 사회적 존재인 까닭에 국가를 형성하여 살며, 또 사람들은 공통의 선을 추구하기 위해 법을 제정하는 바, 법은 권력도 법령도 아닌 선한 본성으로 이끄는 이성의 힘이라 여긴다. 국가는 법에 근거하여 공동체원들의 물질적이고 자연적 것 외에도 정신적인 삶을 위한 초자연적인 목적을 실현해갈 수 있도록 해야 한다는 것이다. 아퀴나스의 이러한 생각은 사람에 대한 그의 이해에서 기인한다. 아퀴나스는 사람을 이성적인 피조물이기는 하나 동시에 육체를 가진 육체와 영혼의 실재적 통합체로 파악한다. 육체적 실체인 사람은 감각능력과 지력, 의지력을 가질 뿐만 아니라 개체 안에서 보편자를 추상하기도 한다. 따라서 국가는 사람들이 이러한 두 가지 측면을 모두 충족해갈 수 있도록 해야 한다는 것이 그의 입장이다. 하지만 그가 볼 때 국가는 초자연적인 목적을 실현해가는 데 한계를 가질 수밖에 없기에, 국가는 자치권을 가지기는 하지만 교회에 종속되어야 한다고 아퀴나스는 말한다. 군주는 신에게서 권한을 부여 받으며 개인은 국가의 일부분으로서 공통선과 조화를 이루어야 한다는 것이다.

감각 경험 없이는 지식 또한 가능하지 않으며(nihil in intellectu quod prius non fuerit in sensu) 실재란 사물의 외부에(ante) 존재하지만 신의 정신 안에서 신성한 개념으로만 존재하며, 종의 모든 구성 요소들 속에서는 구체적이고 개별적인 본질로서 사물 내에(in re) 존재하고, 개체로부터 보편 개념을 추상한 후에 정신 내에(post rem) 존재하기도 한다는 토마스 아퀴나스의 사상은 신에 의한 일방적인 은총을 이야기한 아우구스티누스의 사상과 더불어 중세 기독교의 두 축으로 작용한다. 빛은 어떤 특정한 어떤 것에만 비추이지 않고 모든 것에 평등하게 비추듯이 이 세상의 모든 창조물 안에는 이미 신의 속성이 같이 한다는 전제하에 '자연의 빛(natural light)'과 '보편 은총'을 주장하는 아퀴나스의 사상은 가깝게는 '신앙'을 '앎'으로, '경험'을 '교리'로, '실천'을 '이론'

으로 그 중심의 축을 바꾸며 기독교화된 종교 공동체를 확고히 하는 데 기여한다. 멀리는 아이러니하게도 인간이성에 의해 '평등'과 '자유'를 구가하는 근대라는 새로운 시대를 여는 씨앗이 되기도 한다.

이성과 신앙의 분리

아퀴나스에 의해 지성의 토대 위에서 신앙을 종합해나갔던 전통은 시간과 더불어 점차 변화를 겪기 시작한다. 아퀴나스처럼 지성을 중시하며 이성적으로 신을 논증해나갈 경우, 신의 자유로운 절대 의지는 제한될 수밖에 없다며 지성을 중심으로 하는 주지주의(intellectualism)에 반대하고 신의

스코투스, 오컴, 에크하르트(왼쪽부터)

절대적 자유의지를 강조하는 주의주의(voluntarism)가 대두

되기 시작하는 것이다.

 이들 중에 한 사람이 요하네스 둔스 스코투스(Johannes Duns Scotus, 1265~1308)이다. 그에 의하면 세계는 오직 신의 절대적 자유 의지에 의해서 생겨난 것으로, 이는 전적으로 신의 자기계시나 조명에 의해서만 알 수 있는 신앙과 수용의 문제라 한다. 그는 신 존재 증명은 단순한 개연성으로서만 이야기할 뿐 이성의 논증은 경험적 차원으로 제한한다. 스코투스는 도덕도 이에 근거하여 이성의 원칙이나 법칙보다는 자율성, 자발성에 무게를 두며 이성과 신앙을 분리함으로써 이성에 기초한 자연신학을 무화시킨다.

 이성과 신앙의 분리는 그 의도가 무엇이든 간에 관계없이 이성에 토대를 둔 철학, 과학의 발전을 낳은 계기로 이어진다. 스코투스와 같이 주의주의자이기도 한 윌리엄 오컴(William Ockham, 1280~1397)은 '오컴의 면도날(Ockham's razor)'이라는 그 유명한 논증을 통해 인간성(humanity)과 같은 보편적 용어들은 실재하는 사물이 아니라 단지 기호(sign) 내지는 이름(name)에 지나지 않는다는 '유명론(nominalism)'을 들고 나온다.

오컴은, 정신이 보편 개념을 가지기는 하지만 그것이 인식하는 것은 개체 또는 개체의 성질이라 말한다. 그는 경험적 입장에서 보편자가 개체들 내에서 발견되고 우리는 그것들을 경험함으로써 그것들로부터 보편자를 추상할 수 있다는 아퀴나스의 주장을 받아들이면서도, 보편자가 신의 정신 속에 존재한다는 주장에 대해서는 다른 입장을 취한다. 만약 보편자가 신의 정신 안에 내재하면 이는 개체에 우선하는 형이상학이 될 뿐 아니라, 이것이 개체에게도 있다는 것은 서로 공유하는 것을 뜻하므로 이는 곧 자연철학이 되고 만다는 것이다. 때문에 오컴은 보편자는 실체로 존재하는 것이 아니라 이름뿐이라며 신앙과 이성의 분리를 시도한다. 그리고 신앙에 근거한 진리와 이성에 근거한 진리를 구별하면서 이 둘은 서로 추론 불가능한 독립적 진리를 가진다고 이야기한다. 이러한 주장은 그의 의도와는 관계없이 사물에 대해 형이상학적이고 신학적인 설명에서 벗어나 과학적 경험적인 사유를 할 수 있는 방식과 발판을 제공하기에 이른다.

오컴의 과학적 경험적인 사유와는 달리 신앙의 관점에서 이성과 신앙을 분리하는 또 다른 사람들이 있다면 신플라톤주의의 영향을 받은 신비주의자들일 것이다. 요하네스 에크하르트(Johannes Eckhart, 1260~1377)로 대변되는 이들은 이성이 아닌 감성을 강조하며 신과의 합일을 중시한다. 신의 본질과 창조 그리고 인간의 본성은 물론 신과 합일의 체험은 모든 대상적 차원을 초월하는 것으로, 확고한 지적 체계가 아닌 감성에 의지하기 마련이다. 특히 존재와 앎을 하나로 하며 모든 존재 위에 거하는 신은 모든 앎의 위에 존재한다. 따라서 신과의 만남은 앎에 의해서가 아니라 오직 신과의 합일을 통해서 이루어진다는 것이 에크하르트의 주장이다.

종교의 이론적 근거를 제공하기 위한 신앙과 철학과의 결합은 신앙의 강조를 위해 이성과 신앙의 분리를 꾀하나, 그 의도와 달리 경험과학의 발전을 가져오면서 사람들의 지적 호기심을 자극한다. 이와 더불어 촉발된 새로운 세계에 대한 관심과 이슬람과의 잦은 접촉으로 유입된 고대 그리스 문헌들은 사람들로 하여금 또 다른 꿈을 꾸도록 하는 데 충분했다. 이른바 새로운 학문의 시대 르네상스가 열리는 것이다.

우리는 왜 철학을 이야기하는 것일까

왜 칠레토스인가

사물의 근본 실재는 무엇인가

왜 모든 것은 변화하며 있는가

다양한 사물이 생겨난 원인은 무엇인가

사물과 그것의 원리는 같은 것인가 다른 것인가

실체하는 본질로부터 우리는 무엇을 아는가

무엇이 진리인가

진리는 어디에 있는가

무엇이 우리를 행복하게 하는가

무엇이 우리를 구원하는가

신은 어떻게 실재하는가

신도 사물처럼 실재하는가

신은 이름뿐인가

우리는 어떻게 신에 이르는가

우리는 참다운 지식에 이를 수 있는가

우리가 아는 것은 무엇인가

어떤 공동체이어야 하는가

실존에 대한 물음으로

형이상학은 무엇인가

참다운 인간의 본성은 무엇인가

이미지에 의해서 지배되는 사회에서 무엇이 사실인가

자본주의 사회 이후를 내다보며

4

근대

;

신에서 인간이성으로

새로운 세계를 꿈꾸는 사람들

『메두사호의 뗏목』[10]

바다로 떠나간 사람들

현실 안에서 버거운 삶을 이어가야 했던 사람들은 언제나 새로운 세상을 꿈꾼다. 그러나 '초월된 세계에서'라는 종교에 의해 철저하게 유린당한 사람들은 더 이상 초월된 세계에

---

10) 프랑스의 화가 제리코(Géricault, 1791~1824)의 대표작품인 이 작품은(1818~1819) 프랑스 군함 메두사호의 침몰사건에서 살아남은 사람들의 모습을 그린 것으로 사람들의 절망과 환희를 잘 묘사하고 있다. 현재 파리의 루브르 박물관에 소장되어 있다.

서 희망을 구하지 않는다. 그들은 새로운 세계에 대한 열망을 현실 안에서, 그러나 현실을 벗어날 수 있는 길을 모색한다. 그들은 새로운 신세계를 찾아 그들을 가두는 땅을 떠나 바다로 향한다. 그러나 바다로 떠나갔던 사람들은 돌아올 때 물자만 싣고 돌아온 것은 아니었다. 긴 항해 속에서 육지에서와는 다른 '자유'와 '평등'이라는 새로운 개념을 안고 돌아왔다. 육지에서의 구속의 힘이 미치지 않는 바다에서 자유를 경험한 그들은 땅 위에서의 높낮이를 보며 신분의 차별을 당연시했다면, 이전과 달리 끊임없이 이어지는 수평선을 보며 그들은 '자유'와 '평등'을 깨닫기도 하는 것이다.

사회의 변화는 이들에 의해 시작된다. 항구에 모여 살던 이들은 그들의 경험에서 얻은 귀한 사유를 개인의 신분변화에 그치지 않고 사회 전반에 확산시켜나가며 사회 변혁을 이루어낸다. 그것이 르네상스다. '다시 산다(rebirth)'는 의미처럼 그동안 잊고, 잃어버렸던 자신의 존재성에 대해 다시 물으며 고대의 문헌을 읽기 시작하는 사람들은 그렇게 자신들의 열망을 다시 불붙여간다. 이로 인해 대두된 인문주의(humanism)는 사람들에게 지적변화를 일으키면서 사회의 다방면에서 변화를 가져온다. 신에 대한 의존을 인간의 자율적 이성의 힘으로 대치하면서, 이들은 종교에서도 개혁을 일

구고 정치구조도 왕정에서 시민사회로 변화를 꾀한다. 이들은 과학을 발전시키며 차별을 평등으로, 국가는 개인의 자유를 존중하는, 이름하여 근대사회를 태동시키는 것이다.

변화를 꾀하는 사람들

이러한 변화는 예술 활동에서 가장 먼저 일어난다. 이탈리아의 예술가 미켈란젤로(Michelangelo, 1475~1564)와 레오나르도 다빈치(Leonardo da Vinci, 1452~1519)와 같은 예술가들은 이전의 신의 세계와 거룩함을 벗어나 있는 그대로의 자연과 생동감 있는 육체의 미와 힘을 표현하는가 하면, 페트라르카(Petrarca, 1304~1374)는 인간의 일상적 기쁨과 슬픔을 문학의 주제로 삼아간다. 뿐만 아니라 이태리의 인문학자 피코 델라 미란돌라(Pico della Mirandola, 1463~1494)는 1486년에 한 연설문 『인간의 존엄성에 관한 연설 *De Hominis Dignitate Oratio*』에서 인간을 기존의 위계질서, 즉 동물과 천사 사이에 인간을 한정시키지 않고 이성의 활용에 따라 자신의 위치를 최고에서 최하에 이르기까지 놓으며, 스스로 선택할 수 있는 능력을 가진 자로 인간을 새롭게 기술한다.

반면에 정치적인 영역에서 마키아벨리(Niccolò Machiavelli, 1469~1527)는 시대의 변화와 함께 선악의 상대성을 피력한다. 그가 쓴 두 권의 책, 즉 로마 공화정을 찬양하는 『로마사론』과 절대군주의 필요성을 이야기하는 『군주론』은 이를 아주 잘 대변한다고 하겠다. 마키아벨리는 도덕적으로 타락한 사회에서는 로마 공화정의 모범적인 정부에서와 같은 '도덕'이 아닌 '힘'에 의한 통치가 더 유용하다며 유용성에 따른 판단의 정당성을 옹호한다. 즉 상황 안에서 그것이 유용하다면 어떤 수단과 방법도 정당할 수 있다는 것이다. 그의 이런 주장은 이전의 잣대로 보면 이중적이라 할 수 있으나 당시 혼란한 사회현실을 반영하여 그에 맞는 통치를 주장한다는 면에서는 이전과 다른 차이점을 보인다.

종교의 영역에서 새로운 바람은 루터에 의해서 시작된다. 루터는 부패한 교회와 교황에 대해 95개조의 반박문을 비텐베르크 성문에 내걸며 교회혁신을 요구한다. 아우구스티누스와 오컴의 영향을 받은 루터는 우리가 신에 대해 알기 위해서는 신의 도움이 필요하다며 기존의 신학 체계만이 아니라 인간의 선행에 의한 개인과 사회의 구원에 대해서 일정한 부분 거리를 둔다. 루터는 우리의 이성은 제한된 시선을 가지기에 한계가 있으며 이를 위해서는 늘 신앙의 도움이 필요하다는 것이다. 그리고 그는 이런 전제하에 말씀에 의거한 '오직 믿음으로만(sola fide)'이라는 새로운 신앙을 주창하며 종교개혁을 주도한다. 그 결과 오늘 날 프로테스탄트라는 개신교의 출현이 있게 된다.

그러나 영혼의 구원에만 관심을 가진 루터는 근본적으로 사람은 죄에 빠져 반항하기 쉬운 탓에 질서를 유지하는 것이 국가의 역할이며, 사람들은 신이 정한 정부와 강력한 지배자를 따르는 것이 마땅하다고 주장한다. 그 까닭은 정부와 군주는 우리의 재산과 육신은 다치게 할 수 있을지라도 우리의 영혼은 다치게 할 수 없다는 믿음에 근거한다. 그의 이와 같은 주장은 교회개혁이라는 면에서 교황에게는 쫓기나 오히려 현 왕정에게서는 보호를 받는 상황을 가져온다. 이로 인하여 루터는 독일군주의 보호 아래에서 라틴어로 된 성서를 자신의 모국어인 독일어로 번역함으로 일반인도 성서를 읽을 수 있는 길을 연다. 이는 다른 누구에 의해서가 아니라 자신에 의해, 그리고 오직 말씀에 근거한 신앙의 길을 가져오면서 다른 모든 영역에로 영향을 미치며 새로운 사회 변화를 낳는 촉진제 역할을 하기에 이른다.

루터와 다른 생각을 한 또 한사람의 종교개혁자가 있다면 그가 에라스무스(Desiderius Erasmus, 1466~1536)이다. 루터가 열렬한 행동주의 종교개혁가라면 에라스무스는 과도한 이성론에 의해 전도된 기독교의 본래성을 회복하기 위해 고대 인문학과의 조화를 꾀하는 인문학적 종교개혁자라 할 수 있다. 그는 1511년에 쓴 『우신예찬 *Stultitiae Laus*』에서 기독교가 지나치게 과장되고 복잡화, 논쟁적이 되었다고 비판하며, 참된 종교는 가슴에 있는 것이지 머리에 있지 않다며 단순하고 소박한 믿음을 제안한다. 그는 교육만이 무지와 어리석음을 퇴치할 수 있다는 신념하에 고대 문헌을 읽고, 번역하고, 출판하고, 비판하면서 이를 구체적으로 실현해나간다. 그 덕분에 사람들은 고대문헌에 대해 관심과 공부를 하게 되면서 새로운 변화에 대한 요구를 열망하게 된다.

종교전쟁과 종교적인 처형을 평생 목격하며 살아야 했던 사람들은 그러한 현상을 초래한 모든 것들에 대해 회의하기 시작한다. 몽테뉴(Michel de Montaigne, 1533~1592)는 1580년에 출간한 『수상록 *Essais*』에서 비인간성과 불신 속에서 일어나는 공통적이고 일반적인 행위의 잔인함을 광신에서 찾고 이를 극복하기 위한 대안을 고대의 회의주의 전통에서 구한다. 몽테뉴는 사람에게는 지혜가 있어 이를 통제해갈 수 있는 잠재력이 있다며, 지혜란 다름 아닌 사물을 있는 그대로 바라보는 것이라는 것이라 이야기한다. 그는 이에 근거하여 일상적인 삶을 있는 그대로 인정하는 생활철학을 전개한다. 일상적인 삶이야말로 가장 인간적인 것이라 하며 그는 이러한 참된 정신 속에서 자연스럽고 정상적인 인간행위의 개방적이고 분명한 표현양식을 추구한다. 그의 이런 태도는 그동안 소외되었던 인간의 삶을 진정으로 해방시켜간 것이라 할 수 있다.

반면에 파스칼(Blaise Pascal, 1623~1662)은, '마음(heart)이란 이성이 이해하지 못하는 이유를 알고 있다'며 마음에 의한 새로운 사유방식을 제안한다. 이때 마음은 특별한 통찰력 즉 '직관력'을 의미한다. 파스칼은 우리는 합리적 증명에 의해서 아는 것이 아니라 직접적으로 또 즉각적으로 아는 것이라며, 마음이야말로 우리를 진리에 이르게 한다는 주장을 편다. 이는 이성에 의한 엄격한 사유작용을 느낌이나 감정의 요소로 대체하는 것으로서 당시 억압되어 있던 감정의 문제를 살려내는 것만을 뜻하는 것은 아니다. 이는 이성적 지식을 가진 특정한 소수의 사람에 의해 자신의 밖에서 일방적으로 부림당했던 다수의 사람들이, 자신의 감정에 충실한 것 역시 자신 안에서 스스로 진리에 이를 수 있는 길이라는 새로운 사실을 자각케 하는 것이라 할 수 있다.

새로운 학문의 태동

　다양한 영역에서 다각적으로 일어난 이러한 운동들은 역시 이전과 달리 새로운 학문적 태도를 낳기에 이른다. 즉 신학과 달리 과학이라는 학문을 태동시킬 뿐만 아니라 이에 준하는 학문적 방법을 강구하기에 이른다.

새로운 세계와 과학 학문

신앙을 강조하기 위해 이성과 신앙을 분리하였던 사람들은 오히려 신에게서 인간을 해방시키는 아이러니를 낳는다. 이성과 감성을 구분하며 이성보다는 감성을 강조하는 인문학은 인간해방만이 아니라 새로운 학문인 과학학문을 태동시킨다. 그것이 근대의 특징 중 하나이다. 신과 인간 모두에게서 분리된 자연은 사물화가 되면서 자연은 사람들의 자유로운 연구의 대상이 되었다. 이러한 현상은 지식의 모든 분야에서 광범위하게 일어난다. 이제 사람들은 단순히 고대 문헌을 읽는 태도에서 벗어나 자연을 자신의 시선에서 관찰하며 논증하려 할 뿐만 아니라 새로운 자신만의 가설을 세워나가기도 한다. 우리는 이러한 태도를 통칭하여 과학학문(wissenschaft)이라 부른다.

여기에는 두 가지 뚜렷한 요소가 있는데 하나는 새로운 발견에 대한 열망과 다른 하나는 발견을 위한 방법의 추구이다. 사람들은 새로운 발견을 위한 관찰 도구를 발명하면서 새로운 학문의 출발을 내딛는다. 1590년 복합현미경을 발명한 갈릴레오 갈릴레이(Galileo Galilei, 1564~1642), 1608년에 망원경을 발명한 네덜란드의 리퍼세이(Lippershey, 1570~1619), 기압계의 원리를 발견한 토리첼리(Evangelista

Torricelli, 1608~1647), 공기 펌프를 발명한 귀리케(Otto von Guericke, 1602~1686) 등 많은 사람들은 새로운 발견을 위한 방법을 추구하며 기구를 발명하기에 이른다. 이들에 의한 지식의 축척은 또 다른 급속한 과학기술의 발전을 가져오면서 갈릴레이는 목성 주위의 위성을 발견하고, 레이우엔훅(Leeuwenhoek, 1632~1723)은 정자 원생동물문(spermatozoa-Protozoa) 및 박테리아를 발견하기도 하며, 하비(Harvey, 1578~1657)는 혈액순환을 증명해 보이고, 윌리엄 길버트(William Gilbert, 1540~1603)는 지구의 자성을 밝혀내기도 한다. 그리고 로버트 보일(Robert Boyle, 1627~1691)은 기체의 온도와 부피, 압력 사이의 법칙을 발견하기도 한다.

이제 우주는 신의 창조 활동이 이루어지는 공간이 아니라 관찰과 수학적 계측이 가능한 거대 메커니즘에 의해 움직이는 공간으로 바뀌었다. 정지된 사물이 아닌 움직이는 물체에 대한 관찰과 공간상의 물체운동에 대한 수학적 계산이 가능함으로써 폴란드의 코페르니쿠스(Nicolaus Copernicus, 1473~1543)는 태양을 중심으로 하여 지구가 자전과 공전한다는 태양중심설을 이야기할 수 있었고, 케플러(Johannes Kepler, 1571~1630)는 행성운동의 법칙을 체계화시켜나갈 수 있었을 뿐만 아니라, 갈릴레오는 기기를 통해 직접 관찰을 하며 가속도와 역학법칙을 체계화시킬 수 있었다. 이제 사람들은 더 이상 지구를 중심에 두고 자신들을 그 위에 위치시키지 않았다. 과학의 발달에 따른 천문학의 발달은 자연만이 아니라 사람에 대한 이해도 달리하면서 새로운 세계에 대한 탐구의 정신을 고취해갔다. 중세인이 이미 알고 있는 사실을 설명하며 체계화 시켰다면, 근대인들은 새로운 발견의 정신에 입각하여 모든 것들을 새로이 시도해가는 것이다.

사물들로 구성된 기계적인 세계

관찰과 귀납, 추리 그리고 수학적 방법으로 모든 것들을 새로이 설명하며 관찰하고 발견하고 발명해가는 탐구정신은 갈릴레오만이 아니라 만유인력을 주장한 뉴턴(Isaac Newton, 1642~1727)과 창 없는 단자를 이야기한 라이프니츠(Gottfried Wilhelm Leibniz, 1646~1716) 등 많은 근대 지성인에게 그대로 이어진다. 갈릴레이는 우주를 더 이상 신의 활동무대로 보지 않고, 자연주의 철학자 데모크리토스처럼 세계가 제1근본물질로 이루어졌다고 본다. 그는 이 제1근본물질을 실재라 하고, 그것의 다양한 결합으로 생겨난 제2의 성질을 현상이라 한다. 그는 이 현상만으로는 참다운 진리를 알 수 없다며 진리를 발견하기 위해서는 보다 세밀한 관찰과 분석이 필요하다고 보았다.

　뉴턴 역시도 자연을 입자와 물체로 구성된 것으로 여겼다. 1687년에 쓴 『프린키피아 *Principia Mathematica*』에서 뉴턴은 이 세계를 잘 관찰하면 동일한 종류의 추론에 따라 설명 가능하다고 보았다. 다시 말해 이 세계는 동일한 법칙이 적용되는 메커니즘에 의해 작동하므로 이에 따른 공리를 체계화할 수 있다는 것이다. 뉴턴의 미적분은 바로 그러한 그의 세계관의 증명이라 하겠다.

　뉴턴과 같이 미적분학을 통해 사물 본성에 관해 연구한 사람이 라이프니츠이다. 그도 적절한 방법을 사용하기만 한다면 사람은 사물의 본성에 관한 지식을 습득할 수 있다고 보았다. 라이프니츠 역시도 인간본성 내지는 인간의 사유 역시 기계론적 원리와 다르지 않다고 하는 것이다. 이들 모두는 세계를 사물들로 구성된 기계적인 세계로 파악하며 이에 따른 사람의 본성도 다르지 않다고 보고, 누구나 이러한 이치를 터득하기만 한다면 자연에 대한 진리를 직접 알 수 있을 뿐만이 아니라, 사람의 본성에 관하여도 파악 가능하다고 한다. 바로 이러한 특징이 근대인들이 취한 태도라 할 것이다.

새로운 학문방법

귀납법으로

근대의 새로운 학문 방법의 시발을 연 사람이 영국의 프랜시스 베이컨(Francis Bacon, 1561~1626)이다. 그는 기존 학문이 지나치게 공상적이고 논쟁적이며 정교하다고 비판하며, 관찰과 실험에 근거한 귀납적 방법으로 새로운 학문을 해

베이컨

나갈 것을 주장한다. 이러한 학문적 태도를 우리는 경험론 (empiricism)이라 한다.

그에 의하면, 기존의 학문은 감관이 사물의 척도라는 거짓된 주장에 의해 생기는 속견에 사로잡힌 '종족의 우상 (idola tribus)', 여러 가지 방식으로 얻어진 관습과 속견들을 중시하는 지적 권위의 동굴인 '동굴 우상(idola specus)', 정확하고 세심하지 않은 언어사용에서 오는 혼란을 가리키는 '시장 우상(idola fori)', 비실재적이고 극적인 형식을 빌려 자신들이 만들어낸 세계를 묘사하는 체계적 독단을 가리키는

'극장의 우상(idola theatri)' 등에 의해 심하게 왜곡되고 편향된 속견에 사로잡혀 있다고 본다. 때문에 그는 우리가 사물을 본다고 해서 사물의 본질을 알 수 있는 것이 아니라며, 사물에 대한 관찰과 그것들의 계열 및 순서로부터 얻어진 법칙에 의해 새로운 학문적 태도를 가질 것을 주장한다. 그것이 바로 귀납법이다.

베이컨은 기존의 오류를 반복할 뿐인 학문적 태도를 버리고 새로운 지식을 열어주는 귀납법으로 새로운 학문을 구축하기를 원한다. 이를 위해 그는 먼저 해당되는 것들을 나열하는 열거표(tabula praesentia)를 만들고 이에 해당되지 않는 것들에 대한 부재표(tabula absentiae)를 만든 후, 이에 근거하여 서로 다른 정도들을 분석하는 정도표(tzbula gradum)에 근거하여 배제의 과정(process of exclusion)을 취하면, 우리는 참된 본질에 이를 수 있다고 한다.

그러나 이러한 주장은 한 사물의 형상은 그 사물 자체가 발견되는 모든 예에서 발견되어야 한다는 가정이 전제되어야만 가능하다. 그런 면에서 베이컨의 귀납적 방법은 그가 비판하였던 아리스토텔레스의 본질 이해와 크게 다르지 않다. 더욱이 과학의 어떤 연구도 가설의 설정에서 출발하는

것이라는 사실을 베이컨은 간과했을 뿐만 아니라 특히 이를
위해서는 수학이 중요한 역할을 한다는 사실을 간과했다. 그
럼에도 그의 귀납법적 태도는 새로운 과학 학문의 시대를 여
는 매우 중요한 계기를 마련하는 데 크게 기여한다.

기하학적 방법으로

홉스

과학의 발전에 또 다른 동력을 제
공한 사람은 토마스 홉스(Thomas
Hobbes, 1588~1679)이다. 그는 당시
사회의 지적 분위기인 과학학문의 정
확성과 과학적 지식의 명증성에 깊은
영향을 받고 과학적 탐구방법에 관심
을 기울인다. 그리고 그는 과학 학문연구에 수학적이고 연역
적인 추론을 첨가하며 베이컨이 미처 생각하지 못한 문제를
극복해 나간다.

즉 홉스는 관찰의 방법과 그 관찰로 얻어진 공리에 의해
연역적으로 추론을 하게 되면 보다 정확한 지식을 얻을 수
있다고 보고, 자연은 물론 인간본성과 사회정치 영역에 이르
기까지 이를 적용해간다. 다시 말해 홉스는 철저하게 유물론

적인 입장에서 물리적인 인식론과 실재에 대한 수학적인 모형에 기반을 둔 이론을 논리적인 정확성을 가지고 모든 분야를 체계화시켜 나가는 것이다. 그것이 바로 1642년 『시민론 *De Cive*』을 기점으로 하여 연이어 발표하는 『리바이어던 *Leviathan*』(1651), 『물체론 *De Corpore*』(1655), 『인간론 *De Homine*』(1658)이다.

홉스는 이 책들에서 존재하는 모든 것은 물체로 존재하며, 우리 또한 물체로 구성되어 있는 실재만을 생각할 수 있다는 전제하에서 자연과 인간 본성, 그리고 사회정치구조 등을 분석하고 기술해간다. 그에 의하면 생각이란 사물을 지각하고 난 이후 인과적 계열에 따라 진행되는 과정에서 파생된 것으로, 존재하는 유형적인 것은 변화하는 과정 중에 있기 마련인 바, 물질적이던 정신적인 사건이던 모든 것은 물체의 개념과 운동으로 설명 가능하다고 한다. 다시 말해 존재하는 물체는 물질적인 물체와 인간의 신체, 그리고 정치적 집단으로 나누어볼 수 있는데 이 모두는 운동 중인 물체들로 설명 가능할 수 있다는 것이다.

그에 따르면 운동에는 생명적 운동과 의지에 의한 운동이 있는 바, 의지운동의 내적 동기는 상상에 의한다. 상상은 지

각 또는 기억과 같이 인간의 정신 활동 중에 하나로서, 우리
는 사물을 지각하고 이의 내부의 상인 환영을 보게 되는데,
이는 감각의 지속성에 따라 점점 희미해지기 마련이다. 그러
므로 우리는 이를 기억을 통해서 상기하는 바, 홉스는 이를
가리켜 '쇠퇴하는 감각'이라 한다. 허나 이 모두는 신체 안의
운동이라는 면에서 동일하다고 할 수 있다. 그런 면에서 홉
스는 사유 작용이란 감각의 변형에 지나지 않을 뿐만 아니라
완전하지 않아 언제나 지배적인 감각들에 의해 변형 가능한
느슨한 메커니즘이라고 이야기한다.

사람은 감각을 구별하고 기억하고 조직화하여 지식을 산출
하기 위한 언어를 사용하는 바, 지식은 단순한 과거 사건에 대
한 기억인 사실에 대한 지식과 우리의 경험에 기반을 둔 지식
즉, 귀결에서 다른 귀결로 이어지는 가설적이고 조건적인 지
식으로 나누어볼 수 있다. 이때 단어는 우리 경험을, 그리고 단
어나 문장은 사물들이 행위를 하는 실제 방식을 보여준다. 또
한 단어들의 관계는 그것들을 표상하는 사건들의 관계 위에
기초한다. 추론은 그렇기에 사람들의 경험을 토대로 일반적
지식을 산출하는 방식이라 할 수 있다. 그러한 면에서 보편 개
념은 단어에 지나지 않다고 홉스는 말한다.

홉스는 바로 이러한 관점에서 국가에 대해서도 논한다. 즉

국가를 역사적으로 분석하는 것이 아니라 논리와 분석을 통해 어떻게 시민사회가 출현했는가를 물체들의 운동, 특히 기하학적 관점에서 다루는 것이다. 홉스는 국가를 기본적으로 자연 상태에서 본성상 평등한 사람들이 '만인 대 만인의 투쟁'으로 벌어질 생존의 위협과 혼란으로부터 자신을 지키기 위해 권리의 일부를 스스로 제한하는 '사회계약'에 의해 생겨나는 것으로 이야기한다. 이는 이성에 의해 발견된 원칙이나 규율이라 할 수 있는 '자연법'을 넘어 전체 사회의 평화와 질서를 위해 제2의 법 '사회계약'을 시행하는 것이다. 자연법이 자율과 도덕에 의해 움직이는 '내면의 법정(in foro interno)'이라 한다면 사회계약은 강제적 의무와 책임이 따르는 '외부의 법정(in foro externo)'이라 한다. 그리고 이는 다시 사람과 사람 사이의 계약은 충실히 이행해야 한다는 '제3의 법'으로 이월된다며, 홉스는 정의를 법의 준수에 의해서 지켜지는 것으로 이야기한다.

홉스의 이러한 주장은 하늘이 낸 주권자의 명령을 시민의 의사와 동일시하면서 저항이 아닌 복종을 야기하는 것으로, 당시 혼란한 시대 상황을 강력한 권위주의적 정부를 통해 극복해가려는 의도로 읽을 수 있다. 홉스의 국가(state)는 그러한 면에서 아직도 왕권적인 모습이 남아 있지만 새롭게 부상하는 시민사회국가에 대해 근대 과학학문의 방법으로 분석해가며 실질적인 인간과 사회 국가의 관계성을 기하학적 모델로 삼아 설명해내려 했다는 점에서는 중세의 국가와는 전혀 다른 모습이라 하겠다.

연역적으로

과학과 수학의 발전, 그리고 그에 대한 관심은 새로운 사회에 대한 열망으로 이어진다. 대륙에서는 이러한 현상이 인간 이성의 합리적 사유라는 바탕 위에서 이루어지는데, 이들은 세계에 대한 기존의 지식을 과학학문에서처럼 정확성과

데카르트

체계를 가질 수 있는 이성적 원리들을 구성하기를 원했다. 이들에게는 인간 이성이 적절한 방법과 절차를 따르기만 한다면 우주의 본질을 발견할 수 있다는 믿음을 가졌다. 그중에 한 사람이 근대철학의 아버지라 불리는 데카르트이다.

데카르트는 수학의 정확성과 확실성에 이끌려 학문의 방법을 그 위에 정초시키고자 기존의 모든 학문을 회의한다. 그리

고 앞서 주어진 이론이나 주장이 아닌 여행을 통해 얻은 산 경험에 근거하여 그는 인간 이성의 힘에 의한 참된 지식의 체계를 세워나가기 시작한다. 모든 것을 회의하여도 회의하며 있는 자신은 더 이상 회의할 수 없다는 자명한 사실로부터 그는 새로운 학문을 시작하는 것이다. 데카르트는 이 '방법적 회의'를 통해 새로운 학문의 세계를 힘껏 열어젖힌다.

회의한다는 것은 사유하는 것이며 사유하는 나는 필연적으로 어떤 무엇일 수밖에 없다는 그의 고백은 이전과 다른 새로운 학문의 방법을 도출시킨다. 즉 그는 이에 근거하여 다름과 같은 가설을 세운다. 즉 '나는 생각한다. 고로 나는 존재한다'는 것이다. 나의 정신의 활동에서부터 학문의 확실성을 구하는 데카르트는 사람에게는 누구나 진리를 인식하고 연역할 수 있는 능력을 가지고 태어난다고 믿으며 오직 이성적인 힘만으로 모든 학문을 새롭게 개진해나간다.

데카르트는 베이컨이나 홉스처럼 감관 기관에서가 아니라 인간정신의 활동에서 학문의 확실성을 찾는다. 그가 여러 원리들의 유기적인 관계 속에서 참된 진리의 사상 체계를 이루기 위해 쓴 것이 그의 대표작이라 할 수 있는 『방법 서설 *Discours de la Méthode*』이다. 데카르트는 1637년에 발표된 이 책에서만이 아니라 1641년에 발표한 『제1철학을 위한 성찰 *Méditations sur la Philosophie Première*』과 1644년에 쓴 『철학의 원리 *Principia Philosophiae*』는 물론 1649년에 출판한 『정념론 *Les Passions de L'âme*』에 이르기까지 지적인 확실성을 확보하기 위한 노력들을 지속적으로 이어간다.

그는 무엇보다도 수학 속에서 중요한 인간 정신 활동, 즉 이미 알고 있는 공리를 통해 질서정연하게 나아갈 때 새로운 사실을 발견할 수 있는 '직관'과 '연역'이 사용됨을 알고 이를 통해 체계적이고 질서 있는 사유를 해나가는 방법을 구축해간다. 그에 의하면 직관은 불분명한 감관과 달리 우리에게 매우 근본적이고 명석한 개념을 주며, 연역은 직관에 근거한 보다 많은 정보를 제공한다는 것이다. 때문에 우리는 직관에 의해 진리를 파악하며 연역에 의해 진리에 도달할 수 있다고 데카르트는 확신한다. 그는 개념들 사이의 관계를 나타내는 삼단논법과 달리 진리들 상호간의 관계를 나타내는 연역법은 하나의 사실에서 그것이 내포하고 있는 결론으로 진행하기에, 전제에서 출발하는 삼단논법과 달리 진리를 알아갈 수 있다고 하는 것이다. 이전의 학문이 참이 아닌 권위에 의해 출발하였다고 하는 관점에서 데카르트는 학문의 출발을 개인의 정신 속에서 절대적으로 확실한 참된 사실의 토대 위에서 진척시켜간다.

데카르트에 따르면 지식은 직관과 연역의 사용에 의해서 주어진다. 제1원리들이 직관에 의해 아는 것이라 한다면 직관에 의해 직접 얻어지지 않는 결론들은 연역에 의해서 얻어진다. 데카르트는 직관과 연역이라는 정신의 연속적인 활동에 의해 진리는 발견된다며, 이를 위한 21가지 『정신 지도를 위한 규칙 *Regulae ad Directionem Ingenii*』을 제시한다. 정신은 매우 명석한 진리와 더불어 단계를 밟아 움직여야 하는 바, 명석판명할 수 있고 확실히 연역할 수 있는 방향으로 향해야 하며 규칙은 엄격하게 지켜져야 한다. 그리고 주제는 단순화하며 직관적인 인식을 할 수 없을 시에는 멈추어야 한다고 한다. 뿐만 아니라 나의 정신이 명석판명하는 것만 받아들이고 가능한 작은 부분으로 나누어 생각하며, 단순한 것에서 복잡한 것으로, 그리고 완벽하게 열거하고 전체적으로 재검토할 수 있어야 한다고 데카르트는 이야기한다. 그는 이처럼 구체적인 사유의 방법을 통해 새로운 학문의 방법을 열거해간다.

데카르트가 이를 통해 도달코자 하는 것은, 이 세상에는 두 가지 다른 종류의 실체가 있다는 사실에 있다. 즉 사유하는 '정신'과 그것의 연장이라 할 수 있는 '물질'을 우리는 누구나 명석판명하게 인식하며 있다는 것이다. 데카르트는 실체를 스스로 존재하는 실존적 사물이라며 정신과 사물을 완전히 독립적인 두 실체로 여긴다. 이후 사람들은 데카르트의 이와 같은 이원론에 입각하여 신학과 과학을 완전히 분리할 뿐만 아니라 정신으로부터 분리된 사물에 대한 연구는 날개를 달면서 과학은 더 추동력을 얻기에 이른다.

실체의 속성과 양태

유일한 실체의 다양한 속성

실재하는 것은 무엇인가 하는 자연 철학자들의 물음은 고대에서는 어디에 실재하는가 하는 물음으로 바뀌고, 그리고 중세에서는 실재란 어떻게 실재하는지 물어나갔다면, 근대는 실재하는 것은 구체적인 모습으로 실제해야 한다는 논리하에 실체와 속성, 그리고 그의 양태의 문제로 논의를 전개해 나간다.

데카르트가 실체를 정신과 물체라는 이분법적 차원에서 다루었다면 포르투갈 유대철학자 스피노자 (Baruch de Spinoza, 1632~1677)는 이를 실체와 관념의 관계로 파악하면서 데카르트가 미처 해결하지 못한 정신과 물질의 관계를 해결해간다. 학문의 자유로운 연구를 위해

스피노자

대학교수의 직을 거부하고 안경렌즈 깎는 일로 평생을 산 스피노자는 데카르트와 같이 수학의 토대 위에서 학문을 정초

시켜 나간다. 즉 그는 이성의 능력이 사물들의 참된 본질만이 아니라 모든 것들을 알아갈 수 있다는 신념 하에 명석판명한 제1원리로부터 시작하는 연역적 방법으로 학문의 전 영역을 한층 더 체계적으로 정리해가는 것이다.

그는 지식이란 감각에서 기원하는 상상(imagination)에서 과학적 지식을 제공하는 이성(reason)으로, 다시 자연전체를 파악하는 직관(intuition)으로 이행하는 바, 우리의 이성능력은 사물들의 참된 본질을 반영하는 관념들을 형성하며 모든 관념에는 그에 대응하는 사물이 있기 마련이라 한다. 정신이란 다름 아닌 육체에 대응하는 관념으로 정신과 육체는 하나의 실체의 서로 다른 두 가지 속성이라 하는 것이다. 실체란 스스로 존재하며 그 자신을 통해서 인식되는 것인 반면 속성은 지성이 실체의 본질을 구성하는 요소로 지각되는 것으로, 지성은 유일한 실체를 다양한 방식으로 지각한다는 것이다. 헌데 우리가 실제로 인식할 수 있는 속성의 양태는 사유와 연장성인 바, 스피노자는 데카르트와 달리 육체와 정신을 유일한 실체의 서로 다른 방식의 속성, 즉 관념과 그에 상응하는 실체로 이야기한다.

실체의 관념이 존재를 포함하는 것으로 설명하는 이와 같은 스피노자의 주장은 모든 실재하는 것을 거슬러 올라가면 궁극적인 본질은 단일한 실체라는 것에 이른다. 다시 말해 그는 궁극적인 본질은 단일한 실체라는 전제로부터 철학을 출발시킨다. 스피노자는 무한한 사유와 무한한 연장성으로서 지각되는 이 유일한 실체가 바로 신이라 하며 신과 자연을 대응시킨다. 스피노자에게 신은 자연의 관념이며 자연은 신의 실체인 것이다. 세계는 신과 구별되는 것이 아니라 사유와 연장성, 즉 사유와 물질성의 다양한 양태로 표현된 신이다. 그러나 스피노자는 신의 실체와 그 속성을 의미하는 '능산적 자연(natura naturans)'과 신의 본성이나 속성 중 어느 하나의 필연성에서 비롯되는 일체를 의미하는 '소산적 자연(natura naturata)'을 구별하면서 '신적 자연'과 '물리적 자연'을 구분해서 본다.

스피노자의 '신즉 자연(deus sive natura)'이라는 독특한 사상은 1675년에 완성된 『윤리학 Ethica』에서 아주 잘 드러난다. 그는 세계를 신의 본성에 의해서 이루어진 것으로 보고 만물은 그에 따라 움직이는 지속적이고 필연적인 운동 중에 있다고 한다. 사람 또한 그 안에서 살아가는 존재이기에 인간의 행위는 자연현상과 같이 수학적으로 설명가능하다는 것이 그의 주장이다. 이에 대해 무지한 사람은 스스로를 자유의지를 가졌다고 착각하는 바, 자신이 그런 자유의지를 가지지 않았다는 사실을 아는 앎이야말로 우리를 행복으로 이끌 수 있다고 한다. 헌데 이러한 길은 직관에 의한 정신의 능력에서 주어지는 바, 스피노자는 세계를 직관할 수 있는 지식, 즉 정신의 명민함에 따른 신에 대한 지식을 통해 우리는 행복할 수 있다고 한다.

모든 것이 필연적으로 되어 있는 상황에서 우리가 할 수 있는 일이란 스토아학파처럼 이러한 사실을 알고 행하는 우리의 태도, 즉 복종과 순종만이 필요하다. 정신이 일체의 사물을 필연적으로 이해할 때 정신은 자신을 다스리는 제어력을 보다 잘 발휘할 수 있기 때문이라는 것이다. 그렇지 않으면 사람은 자신의 존재를 지속해 나가려는 충동을 가지게 마련인데 이를 스피노자는 '코나투스(conatus)'라 부른다. 코나투스가 육체와 정신에서 작용하면 '욕구'가 되며 욕구가 의식이 될 때 우리는 이를 '욕망'이라 한다. 사람은 더 높은 정도의 자기보존과 완성을 의식할 때 쾌락을 경험하고, 완전성이 감소할수록 고통을 맛보게 되는데, 쾌락을 증진시켜주는 것이 선이요 그 반대가 악으로, 스피노자는 주관주의적 입장에서 선악에 대해 논한다. 그런 의미에서 본래적인 선, 악이란 있지 않다는 스피노자의 윤리는 자연과 신을 동일시하는 그의 자연주의적 윤리관에 근거한다. 이와같이 신을 전 우주와 동일시하는 스피노자는 범신론자로 몰려 유대교회로부터 파문을 당하기도 한다.

유일한 실체인 창 없는 단자

수학이 가지는 정확성과 면밀함이라는 동일한 원리로 자연만이 아니라 사람의 본성은 물론 신에 이르기까지 모든 것을 해명해 나가고자 하는 열망은 근대인들에게 공통적으로 나타난다. 차이가 있다면 그 단일한 실체를 어떻게 해명하는가 하는 문제일 것이다.

라이프니츠

독일의 철학자 라이프니츠(Gottfried Wilhelm Leibniz, 1646~1716)는 정신과 물질이라는 두 가지 실체를 이야기한 데카르트나 단일한 실체의 다양한 속성을 이야기하는 스피노자와 달리 '단자(monad)'라는 역동적인 힘을 가진 단일한 실체에 대해 이야기한다.

그는 스피노자의 유일실체론과 우주의 기계론적인 모델

을 받아들이면서도 한편으로는 존재하는 것들의 개별성과 신의 초월성, 그리고 우주의 목적과 자유의 영역을 위해 물질이 아닌 비물질적인 '힘(kraft)' 내지는 '에너지(energie)'로 실체를 논한다. 그가 물질이 아닌 비물질적인 것으로 실체를 논하는 까닭은 당시의 물질 개념, 곧 물질적 입자가 에너지로 환원 가능하다는 면에서 입자란 에너지의 특별한 형태라는 개념에 근거하기 때문이다. 이는 또한 유럽사회를 다양한 국가를 인정하면서도 단일한 공동체로 만들고 싶어 했던 그의 바람과 무관하지 않다.

1714년 『단자론 *Monadologie*』에서 라이프니츠는 실체란 스스로 행동할 수 있는 독립적인 것이어야 한다는 면에서 단자는 '창 없는 단자'여야 한다고 말한다. 그렇다면 외부에 의해 영향을 받지 않는 독립적인 이 단자들이 어떻게 관계하는가 하는 문제가 제기된다. 이에 대해 라이프니츠는 우주 안에 가득한 단자들의 질서정연한 행위인 '예정조화(pre-established harmony)'를 들고 나온다. 그리고 그는 이를 가능하게 하는 것이 신이라 이야기한다. 신이란 자신의 존재 원인이 자신의 외부에 있는 것이 아니라 자신 스스로 가지는, 즉 본질이 존재를 내포하며 있는 '존재(being)'라고 라이프니치는 이야기한다. 다시 말해 자신의 존재 대해 스스로 '충족

이유'를 가진 존재가 신이라는 것이다.

문제는 신이 이 세계의 질서정연한 조화를 예정하였다면
악이 세상에 있는 까닭과 자유는 어떻게 설명해야 하는가 하
는 것이다. 라이프니츠는 이에 대해 신은 최선으로 이 세계를
창조하였으나 창조된 세계는 사물의 본성상 완전할 수 없기
에, 결핍에서 오는 악이 있게 마련이라고 한다. 그리고 자유에
대해서는, 단자들 안에는 그 단자만의 목적이 있는 바, 이 목적
을 실현해가는 일이 바로 자유라고 설명한다. 다시 말해 불확
실한 사유에서 자신의 목적을 확실하게 아는 참된 관념에 이
르게 될 때, 우리는 자유롭게 된다는 것이 그의 의견이다. 이처
럼 라이프니츠는 자유를 의지력이나 선택의 문제로 여기는 것
이 아니라 마치 가능태가 현실태가 되듯 자유를 사물의 본질
을 아는 것으로 설명한다. 그 까닭은 무엇일까.

그는 자유를 본질과 앎의 문제로 이야기한다. 즉 자유인
이란 자신이 행하는 이유를 아는 자이다. 라이프니츠는 이를
위해 참다운 본질에 이르는 두 가지 방법, 즉 논리에 의한 이
성적 진리와 경험을 통해 알게 되는 사실적 진리를 나누어
설명한다. 우리가 수학에서 찾아볼 수 있는 이성적 진리는
필연적 진리로 자명하고 분석적이라 하며, 이는 명제 속에

그것이 가져야 할 참된 요소의 언명이 이미 그 안에 내포되어 있기 때문이라 한다. 그러한 면에서 이성적 진리에 대한 앎은 동어 반복적이다. 라이프니츠는 '이성적 진리'가 모순율에 의해 검증 가능한 이유가 여기에 있으며 '사실적 진리'는 우연적이며 서로 다른 모순의 공존이 가능하다고 보았다. 때문에 그는 사실적 진리는 선천적(a priori)이기보다는 후천적(a posteriori)이라는 것이다. 후천적이라는 말은 가설적이라는 의미로 세계는 공존 가능한 것들의 집합이라 하겠다.

라이프니츠는 무지한 사람들이 세계를 알기 위해 경험과 검증을 필요로 하지만, 신의 자유의지에 따라 세계를 신이라는 유일한 실체와 그의 술어로 인식한다면 세계는 분석 가능한 세계라 이야기한다. 그에 의하면 사람은 자명한 진리를 인식할 수 있는 생득관념을 가지며 이로부터 세계에 대한 지식을 연역해갈 수 있다는 것이다.

이는 뉴턴보다 3년 일찍 미적분학을 출간하기도 한 라이프니츠 입장에서 당연한 귀결인지도 모른다. 그 역시 근대인들이 가지는 지적인 경향성, 즉 사람은 인식론적 차원에서 모든 것을 해명해갈 수 있다는 인간에 대한 깊은 신뢰를 가지고 있음을 여실히 보여준다.

세계와 앎의 문제

우리는 참다운 지식에 이를 수 있는가

이전 사람들이 지적인 확실성으로 새로운 학문을 재구성하기를 원했다면 이제 사람들은 과연 사람들이 그러한 지적 확실성에 이를 수 있는가를 묻기 시작한다. 다시 말해 베이컨과 홉스가 관찰로, 데카르트가 올바른 사유의 방법으로 확실한 지식에 이룰 수 있다 보고, 스피노자와 라이프니츠가 수학의 원리로 근대 학문을 재구성해갔다면, 존 로크, 버클리 흄과 같은 사람들은 과연 사람이 그러한 지적 확실성에 이를 수 있는가를 문제 삼는다.

영국의 철학자 로크(John Locke, 1632~1704)는 인간정신의 영역과 한계에 대해 처음으로 치밀하게 연구한 철학자로, 당시 새롭게 발전하는 실험과학과 데카르트에 영향 아래 인간정신이 어떻게 지식을 이루어 가는가를 논증해간다.

로크

그는 1960년 영국 경험론의 초석으로 후대에 커다란 영향을 불러일으킨 역작인 『인간 오성론 *An Essay Concerning Human Understanding*』에서 인간지식의 기원과 확실성, 그리고 그 범위에 대한 연구를 해나간다. 그는 이를 통해 지식이란 관념들(ideas)에 지나지 않으며, 관념은 경험(experience)에 기반 한다고 주장한다. 경험은 다시 감각(sensation)과 반성(reflection)에 의한 것으로 정신은 빈 백지(a blank sheet of paper)와 같은 것이라 한다. 그에 의하면 지각에 의해 경험된 감각은 우리의 정신에 단순관념(simple ideas)을 심어주며 단순관념은 결합과 분리 추상의 작용을 통해서 새로운 복합관념(complex ideas)을 만들어간다는 것이다.

로크는 여기에서 관념과 대상과의 관계에 부딪힌다. 그는 이를 위해 자연 안에 있는 성질들의 특징들을 갈릴레이와 같이 두 가지로 나누어 고찰한다. 즉 대상과 밀접하게 연결되어 있는 '제1의 성질'과 대상과 일치하지 않는 '제2의 성질'을 구분하는 것이다. 제1의 성질은 고체성과 연장성, 모양, 운동, 정지 등과 같이 대상 안에 속하는 성질을 말하며, 제2의 성질은 대상에 속하지도 구성되지도 않는 단순히 관념일 뿐인 색, 맛, 소리, 향기와 같은 것을 가리킨다. 로크는 이를 통해 현상과 실재를 구별하며 이를 다시 실체와 연결시켜나간다. 로크는 실체를 성질을 소유할 수 있는 그 무엇이라는 매우 상식적인 차원에서 정의하면서, 신이라는 관념 역시 단순 관념으로 추론되는 한 논증의 산물이라 이야기한다.

우리의 앎이란 이처럼 경험에서 주어지는 것이지만, 로크는 이러한 지식이 도대체 어떻게 확장되고 타당성 또한 어떻게 주어지는가 하는 물음을 물으며 이에 대한 연구를 진척시켜 나간다. 그에 의하면 지식이란 관념들의 관계, 즉 관념들의 일치와 불일치에 대한 우리의 지각에 달려 있다고 한다. 이때 지각은 불완전한 인간이 가질 수 있는 가장 확실한 '직관적인 것(intuitive)'과 우리의 정신이 전혀 다른 관념들과의 관계에서 가져지는 '논증적인 것(demonstrative)', 그리고 엄밀한 의미에서 지식일 수 없는 '감각적인 것(sensitive)'이라는 세 가지의 양상이 있다고 한다. 이들은 실재에 관한 지식의 정도에 따라 다른데, 직관적인 지식만이 우리가 존재한다는 사실에 확실성을 주며, 논증적인 지식은 존재한다는 사실을 설명하는 데 반하여 감각적 지식은 우리가 무엇을 경험할 때 그것이 있는 그대로의 존재를 확신시켜줄 뿐이라 한다.

로크는 논증적인 지식의 범주에 도덕적 사유를 포함시키

며 도덕 또한 수학적 정확성을 가지고 논증해간다. 다시 말해 로크는 도덕도 수학의 원리들처럼 명백하고 필연적인 것에 의해 옳고 그름을 규정할 수 있다고 보는 것이다. 그에 의하면 사람은 쾌락을 증진시키는 것이 선이라는 것을 알며 도덕은 이와 관련된 행위라는 것 역시 안다고 이야기한다. 로크는 이에 따라 도덕적인 선을 자의적인 행위와 법칙 사이의 문제로 보고 세 가지 법으로 나눈다. 즉 공동체원이 행복할 수 있는 길을 위한 공동체의 판단을 나타내는 '사법'과 국가에 의해 제정되며 법원에 의해 시행되는 국민의 여론을 구체화 한 '시민법', 그리고 인간이성이나 계시에 의해 알 수 있는 '신성법'이 그것이다. 신성법은 인간의 행위에 대한 참된 규율로서, 모든 법은 신성법에 부합하도록 제정되어야 한다고 로크는 이야기한다.

1688년에 발표된 『시민 정부론 *Civil Government*』 제2권에서 로크는 홉스와 같이 수학의 정밀함에 근거하여 정치론을 전개 하지만, 홉스와는 달리 자연 상태를 신성법에 근거하여 가장 기본적인 법으로 삼는다. 인류는 이성에 의지하여 모두 평등하며 자유롭고 독립적이기에 어떠한 정치권력에도 예속될 수 없을 뿐만 아니라, 자신의 동의 없이 누구로부터도 자신의 생명, 건강, 자유, 사유물에 대해 침해받지 않을 권리를 지닌다고 로크는 천명한다. 특히 사유재산권을 자연법에 근거하여 시민법에 선행하는 것으로 판단하는 로크는, 노동은 노동하는 자의 것으로 노동을 통해 생산된 모든 것은 노동하는 자의 것이라는 주장을 편다. 로크에게 재산이란 생명, 자유 사유물 일체를 통칭하는 것이다. 그의 이러한 사상은 모든 시작을 물질적 토대 위에서 출발하고 있기 때문일 것이다. 다시말해 로크는 새로운 사회를 위해 본성이라는 말로 이전의 모든 권리를 이월해 오려는 시도를 차단하고 새로운 토대 위에서 새로운 사회를 건설코자 물질이라는 토대 위에서 즉, 무(백지)에서 시작하고자 하는 의도라 할 수 있다. 그의 이러한 태도를 우리는 계몽주의라 부르기도 한다.

로크는 모든 권력은 국민에게서부터 나온다는 신념 하에 국가의 토대를 철저하게 개인 시민 주체에서 찾는다. 로크는 인간의 절대적 권리를 강조하며 이견을 조정하는 독립적인 재판관과 이를 구체적으로 실행하는 행정부, 그리고 다수의 동의하에 법을 제정하는 입법부로 나누어 권력이 편중됨을 미연에 방지할 뿐만 아니라 최소화하고자 한다. 그의 이러한 정치론은 개별적 사물로부터 출발하는 그의 인식론에 닿아 있다. 오늘 날에 이르기까지 지대한 영향을 미치는 로크의 정치사상은 홉스와 다른 면모를 보인다. 새로운 시민 사회를 형성하는 데 있어 홉스가 과도기적 상황에서 질서와 안정을 도모하기 위해 강력한 정부를 원한 반면, 로크는 그보다 안정된 사회에서 갖추어 나가야 할 문제들에 목도했다고 할 수 있다. 또한 홉스가 기하학에 충실하여 연역에 의존했다면 로크는 실재를 같은 물질에서 구하면서도 경험론에 입각하여 수학적으로 분석, 판단해 들어가는 차이를 보인다.

존재하는 것은 지각된다

로크가 상식적인 입장에서 인식론적으로 접근을 했다면 아일랜드 출신의 성직자 버클리(George Berkeley, 1658~1753)는 매우 특이한 접근으로 우리의 앎, 지식의 문제를 다룬다.

버클리

그는 1709년에 쓴 『신시각론 Essay towards a New Theory of Vision』에서 우리의 지식은 실제로 느끼는 시각과 그 외의 감각경험에 의존한다며, 공간이나 크기와 같은 것을 우리는 감각하지 못한다고 이야기한다. 이는 외부에 존재하는 어떠한 사물도 우리는 경험할 수 없다는 말로, 우리가 지각하지 않는 사물이란 존재하지 않는다는 것이다. 즉 '존재하는 것은 지각되는 것(esse est percipi)'이라며 지각되지 않는 것은 존재하지 않는다는 논리 하에 그는 물질의 존재를 부인한다.

우리가 실체라고 말하는 것은 단지 감각들의 복합체일 뿐이라는 것이다. 그는 사람들이 보편적이고 추상적인 용어를 마치 물질을 입은 실체로 인식한다며 이는 경험적 분석에 의한 것이 아닌 이성적 분석을 하기 때문이라 한다. 그렇기에 사람들은 과학을 한다 하지만 실은 형이상학을 하는 것이며, 이러한 실체는 실재하는 것이 아니라 단지 추상관념에 지나지 않는다고 비판한다. 버클리는 존재하는 것은 감각된 성질들만이 실제로 존재하는 것이라며 자신의 주장을 확고히 한다.

그러나 그가 자연에 있는 사물이나 그것을 이루고 있는 질서까지 부인하는 것은 아니다. 우리가 그것을 지각하지 않아도 그것은 우리의 정신 외부에 존재하듯이 그것은 나의 지각과 관계없이 존재하는 바, 이것들을 지각하는 나 외의 또 다른 정신을 그는 상정한다. 모든 사물을 알고 인지하고 있는 전지전능한 영원한 정신을 그는 신이라 이름 붙인다. 신은 자연의 법칙이자 사물이 우리의 시야에 들어오게 하는 질서의 원인으로, 사물은 신에 의존하기 마련이라는 것이다.

버클리의 이러한 주장은 인간의 정신이 감각적 경험을 추론하며 추상관념은 그에 대응하는 실재를 갖는다는 기존의 주장과는 사뭇 다르다. 신의 실재와 정신의 존재를 대담하게 주창하는 버클리의 이러한 의도는 당시 사회를 지배하는 유물론과 회의주의를 극복하기 위한 시도로 이해할 수 있다.

우리가 아는 것은 무엇인가

버클리의 용기에 고무된 영국의 철학자 흄(David Hume, 1711~1766)은 로크와 버클리가 취했던 경험적 방법을 토대로 하여 형이상학적인 요소를 배제하면서 가장 엄밀하고 정연한 논리 체계를 갖춘 경험론을 태동시킨다.

흄

흄의 관심은 물리학의 방법에 의거하여 인간본성을 살펴보는 것이었다. 그는 과학적 방법으로 우주의 모든 문제를 해결할 수 있다는 당시의 지적 풍토에서 인간의 본성, 특히 인간정신의 여러 작용들에 대해 확실한 이해에 도달하기를 원했다. 그러나 인간사유의 기계적 구조를 기술하기에 과학적 방법이 불가하다는 사실을 깨달은 흄은 인간 이성에 대해 회의하기 시작한다. 그리고 인간정신의 내용에 대해서 뿐만 아니라 회의주의적인 결론에 이르는 일련의 과정, 즉 인간의 사유범위가 얼마나 제한적인지에 대해 세심하게 분석해 들어간다.

739년 출판한 『인성론 *A Treatise of Human Nature*』에서 흄은 정신의 내용은 감관이나 경험에 의해 물질로 환원될 수 있으며 그러한 물질을 '지각(perceptions)'이라 부른다. 지각은 '인상(impression)'과 '관념(ideas)'의 두 가지 형태를 가지는 바, 이 둘의 차이는 '생생함(vividness)'의 차이에서 비롯된다는 것이다. 지각은 인상에서 시작하며 그것의 반성이 관념으로 인상 없이는 관념이란 있을 수 없다는 것이 그의 생각이다. 그러나 그는 반드시 모든 관념이 대응하는 인상을 가지는 것은 아니라 한다. 관념은 감관과 경험에서 주어진 물질을 혼합하고 전치시키며 감소시키는 정신의 능력에 의해 주어진 산물이기 때문이다. 흄은 이에 근거하여 신을 선과 지혜의 성질을 무한대로 증진시킨 관념으로 이야기한다.

그러나 관념은 우연히 생기는 것이 아니다. 관념은 흄에 따르면 보편화된 '친절한 힘(gentle force)'에 의해 '유사성(resemblance)'과 시공간적인 '근접성(contiguity)', 그리고 '인과성(cause and effect)'에 따라 최적의 상태로 결합한다. 이 중에서도 인과성은 지식의 타당성과 관련하여 중요한 역할을 한다. 헌데 인과성은 대상들 간에 근접의 관계, 시간의 선행성, 필연적 관계 등을 경험하면서 생겨난 것으로 우리가 아는 것처럼 관찰하는 대상이 가지는 성질이 아니다. 인과성은 단지 경험에 의해 생기는 정신의 '연상의 습관(habit of association)'일 뿐이다. 그러므로 우리의 사유작용이나 추론도 '일종의 감각'에 지나지 않는다고 그는 이야기 한다.

흄은 이와 같은 극단적 경험론에 의거하여 자아는 물론 실체, 신까지도 회의해간다. 그에 의하면 자아는 단지 상이한 지각들의 묶음 또는 집합에 지나지 않는다. 자아라는 지속적인 자기동일성(self-identity)은 단지 기억의 힘 외에 다른 것이 아니다. 우리의 정신이란 지각들이 계속적으로 현상을 만들어내는 극장과 같은 것으로 우리는 특별한 성질들의 집합관념과 구별되는 실체의 관념은 가지지 않는다고 흄은 이야기한다.

이는 우리 외부에 사물이 독립적으로 존재하는 것을 과연 우리가 아는가 하는 문제라 하겠다. 이에 대해 흄은 우리가 알 수 있는 것은 사물이 아니라 단지 그것의 '인상'이라며 우리의 정신은 인상이나 관념을 넘어서 그 무엇에 대해 알지 못한다고 말한다. 나는 단지 나의 자아라는 제한된 한계 안에서 지각하며 있을 뿐이라는 것이다. 그런 의미에서 우주는 상상 속에 이루어진 관념이라고 흄은 말한다. 그는 어떤 사물이 외부에 존재한다고 생각하는 것은 변화 속에 있는 정합성과 인상들의 불변성에 의해 만들어진 상상의 산물이라며, 그것은 신념(belief)에 의한 것이지 합리적인 것은 아니라고 말한다.

흄의 이러한 생각은 그대로 윤리의 문제로 이어진다. 1751년에 발표된 『도덕원리에 관한 탐구 *An Enquiry Concerning the Principles of Morals*』에서 흄은 윤리는 대상에 달려 있는 것이 아니라 그것을 대하는 우리의 태도에 있다고 말한다. 도덕적 판단은 사실적 판단과 다른 정서적 반응으로, 이는 모든 사람에게 있는 도덕적 감정에 의한 것이라 한다. 사람은 '공감'(sympathy)을 통해 암묵적인 도덕적 승인을 하며 있는 것이 윤리이고 도덕이라고 흄은 이야기한다. 이때 공감이란 다름 아닌 유용성에 근거하여 기쁨을 주면 덕이요, 그 반대의 경우를 우리는 악으로 여긴다는 것이 윤리에 대한 흄의 생각이다.

정의도 흄은 우리가 생각하는 것과 달리 이기주의가 반영된 것으로 이야기한다. 정의의 유용성은 다름 아닌 이기주의를 만족시켜주는 데 있다는 것이다. 그런 의미에서 정의는 공리(utility)에 기원한다고 할 수 있다. 정의가 도덕적 성질을 가지고 불의가 악의 성질을 가지는 까닭은 다름 아닌 공감(common sense)에 의한 것으로, 공감이야말로 정의의 중요한 토대라 흄은 이야기한다. 정의에 기초한 정치와 인간의 불안정한 기능과 정서에 기반하고 있는 흄의 도덕은 경험적 접근과 유용성 그리고 공리라는 차원에서 제러미 벤담이 공리주의를 주창할 수 있었던 중요한 계기를 제공한다.

우리는 현상만을 알 뿐이다

버클리와 다른 차원에서 극단적 경험론자였던 흄의 주장을 대륙의 이성론과 함께 창조적으로 수용한 사람이 독일의 쾨니히스베르크에서 태어난 임마누엘 칸트(Immanuel Kant, 1724~1804)이다. 그는 뉴턴의 물리학을 비롯한 과학의 발달에 고무되어 당시 지배적인 철학의 두 전통, 즉 이성론과 경험론이 가지는 한계를 지적
하면서 새로운 비판철학(kritische
Philosophie)을 탄생시킨다. 그의
주 저서라 할 수 있는 3대 비판서
『순수이성 비판 *Kritik der reinen
Vernunft*』(1781)과 『실천이성
비판 *Kritik der praktischen
Vernunft*』(1788) 그리고 『판단

칸트

력 비판 *Kritik der Urteilskraft*』(1790)은 그의 비판철학
을 대변하는 기념비적 작품이라 할 수 있다. 칸트는 그밖
에도 1785년에는 『도덕 형이상학의 정초 *Grundlegung
zur Metaphysik der Sitten*』을, 1793년에는 『이성의 한
계 내에서의 종교 *Die Religion innerhalb der Grenzen
der blossen Vernunft*』를, 1795에는 『영구평화론 *Vom
ewigen Frieden*』 등을 발표하면서 그의 새로운 비판철학
을 확고히 한다.

  칸트는 '우리는 무엇을 어떻게 아는가' 하는 물음에서 출
발한다. 당시 사회를 지배하고 있던 이성의 역할과 지식의
토대, 그리고 그 가능성에 대해 경험론이 주장하는 정신의
순응적 역할로 인하여 초래된 회의주의적 태도와 합리론이

가지는 독단적 사유방식에 모두 만족할 수 없었던 칸트는, 새롭게 부상하는 과학적 지식에 대해 이를 어떻게 설명 정당화할 수 있는가 하는 물음을 물었다. 그리고 이에 대해 그는 우리의 지식은 경험과 함께 주어지지만 그렇다고 모든 지식이 다 경험에 기인하는 것은 아니라며, 경험에 의존하지 않아도 그러한 지식을 획득할 수 있는 능력을 우리는 가지고 있다고 역설한다. 즉 우리에게는 경험으로만이 아니라 이성의 판단능력에 의하여 직접적으로 획득할 수 있는 지식 또한 가능하다는 것이다.

우리 이성은 사유하며 판단을 하는 바, 판단은 '분석판단(analytische urteile)'과 '종합판단(synthetische urteile)'이 있다고 한다. 주어와 서술어 사이에 참을 분별하는 분석판단은 필연성과 엄격한 보편성을 가지는 선천적(a priori) 판단이며, 새로운 지식을 보충해가는 종합판단은 관찰과 경험이후에 행해지는 후천적(a posteriori) 판단이라 한다. 그 외에도 칸트는 직관을 요하는 선천적 종합판단(synthetische urteile a priori)을 이야기한다. 예를 들어 2+3=5와 같이 선천적인 동시에 종합적인 판단을 해야 경우가 우리에게는 있는데, 수학이나 물리학의 경우에서 이를 문제시 하지 않듯이 윤리학과 형이상학도 선천적 종합판단을 하는 것이 문제되지 않는다고 칸트는 이야기한다. 그는 만약 형이상학에서 선천적 종합판단이 문제된다면 수학이나 물리학의 선천적 종합판단도 문제가 되어야 하나 우리는 이를 당연히 여긴다며 윤리와 형이상학에서도 문제될 것이 없다고 주장한다. 다시 말해 칸트는 선험적 종합판단을 통해 우리는 경험은 물론 경험하지 못한 대상, 즉 신 또는 자유와 같은 윤리와 형이상학적 지식도 가능하다고 하는 것이다.

칸트의 이와 같은 주장은 정신과 대상을 새롭게 관계 지으면서 이루어진다. 즉 칸트는 우리의 정신이 단지 사물을 수동적으로 인식하는 것이 아니라 오히려 대상에 부과하는 방식으로 구조화되어 있다며 기존사유에 일대 변혁을 일으킨다. 이름 하여 칸트는 코페르니쿠스적 인식전환을 시도하는 것이다. 그는 우리가 무엇을 인식한다는 것은 대상이 우리에게 알려지는 감성과 대상을 사유하는 우리의 오성이 함께 작용하는 것으로, 지식은 인식하는 주체와 인식하는 대상 간에 생겨나는 것이라 한다. 그렇기에 우리가 아는 것은 이 둘이 같이 하여 만들어진 것만을 알 뿐 '사물 그 자체(ding an sich)'에 대해서 우리는 알 수 없다고 한다. 우리는 내게 구조화된 그것을 통해서만 사물과 관계하기 때문에 사물의 차이는 구별할 수 있어도 그것의 본질에 대해서는 알 수 없다는 것이 칸트의 생각이다.

칸트에 따르면 우리의 정신도 일정하게 구조화 되어 있다한다. 즉 우리의 정신구조는 우리가 무엇을 경험했을 때 공간과 시간이라는 '직관 형식(anschauungsformen)'과 '분량(quantität)', '성질(qualität)', '관계(relation)', '양상(modaoität)'에 따른 12가지 사유의 형식(kategorie)으로 종합하고 통일하여 판단한다는 것이다. 즉, 우리의 사유란 결국 다음과 같은 12가지 형태 안에서 이루어진다고 하는 것이다. 우리는 사물을 이와 같은 12가지 형태 안에서 나름대로 통일하여 인식하는 것이라며 칸트는 인식의 12가지 범주를 이야기한다.

칸트의 12가지 사유범주	분량	전체 다수 개체	전칭판단 특칭판단 개별판단	모든 S는 P이다. 어떤 S는 P이다. 이 S는 P이다.
	성질	현실 규정 제한	긍정판단 부정판단 미정판단	S는 P이다. S는 P가 아니다. S는 비P이다.
	관계	실체와 우유 원인과 결과 상호성	정언판단 가언판단 선언판단	명제 A는 Q이다. 만약 A이면 Q이다. A이거나 Q이다.
	양상	가능성과 불가능성 현존과 비현존 필연성과 우연성	개연판단 실연판단 필연판단	S는 P일 수 있다. S는 P이다. S는 P이어야 한다.

칸트의 12가지 사유범주

이때 경험의 통일은 자아의 통일을 내포한다. 왜냐하면 그것은 연속적인 감각, 상상, 기억 등 직관적 종합능력을 수반하는 하나의 단일한 주체에 의해 이루어지는 것이기 때문이다. 그렇지 않으면 그것은 지식이 될 수 없다며 칸트는 이를 '통각의 선험적 통일(die einheit der transzendentalen apperzeption)'이라 하고 통일하며 있는 자아를 이야기한다. 자아가 비록 우리의 실제적 경험에 의한다 하여도 우리가 자아를 직접 경험할 수 있는 것은 아니기 때문에, 칸트는 통일된 자연계에 관한 지식을 위한 필연적 조건으로서 자아를 선험적(transzendental)이라 한다.

이처럼 우리는 외부의 사물에 의해서 만이 아니라 우리의 인식방식에 의해서도 제한된다며 칸트는 우리가 아는 현상적(phaenomenon) 세계와 우리가 알 수 없는 본래적(noumenon) 세계를 구분한다. 우리는 실재하는 본래적 세계를 알 수는 없지만 이는 우리에게 인식의 한계를 제한시켜 준다는 면에서 규제적 개념(reglative idee)으로 역할 한다고 한다. 칸트는 이 규제적 개념으로부터 순수이성의 관념, '자아(ich)', '세계', '신'을 상정한다. 그리고 그는 경험에 의하지 않는 순수한 선험적인 관념의 세계와 현상세계는 서로 다른 '이율배반'적인 방식, 즉 현상의 세계는 과학적으로, 그리고 도덕과 형이상학은 본래적 본성으로 접근해야 한다고 말한다. 따라서 신은 존재증명을 해야 하는 것이 아니라 우리 삶에 규제적 역할을 할 뿐이라고 하는 것이다.

칸트는 이에 근거하여 도덕 철학을 만들어간다. 이성은 동일하지만 적용적인 차원에서 순수이성과 달리 실천이성을 이야기하는 칸트는 이성의 비판능력을 사변적인 것으로부터 적극적인 실제 삶에로 확장시켜나간다. 그리고 왜 우리가 그렇게 해야 하는가에 하는 의무(pflicht)와 당위(sollen)의 문제를 선천적 판단인 이성의 '보편성(universalität)'과 '필연성(notwendigkeit)'에 근거하여 새롭게 논한다. 그는 '우리가 할 수 있기에 하는 것이 아니라 해야 하기 때문에 할 수 있다'(du kannst, denn du sollst)'는 의무론적인 도덕을 주창한다.

칸트는 신을 도덕적으로 요청하기는 하지만 신을 신앙하지는 않는다. 신이 우리를 도덕적으로 이끌기는 하지만 신 때문에 도덕적이 되는 것이 아니라 이성적인 사람은 신이 없어도 자신이 무엇을 해야 하는지를 알기에 도덕적이게 된다고 여긴다. 이성적 존재는 자신의 기호나 이기적 관점에서가 아니라 자신이 무엇을 어떻게 해야 하는가를 알며 마땅히 이를 행하려는 '선의지'를 가진다는 것이다. 그는 도덕을 법과 같은 타율성(heteronomie)이 아니라 자유에 기초한 자율성(autonomie)에서 찾는다. 자발적으로 행위 하는 인격적 인간을 그는 도덕적으로 이야기하는 것이다. 그는 이를 위해 언제 어디서나 누구나 지켜야 하는 도덕의 불멸성(unsterblichkeit)으로 '그대의 행위가 보편적 법칙과 같은 격률에 입각하여 행동하라', '사람을 수단이 아닌 목적으로 대하라', '그대의 의지가 보편적 법칙인 것처럼 행동하라'는 정언명언(kategorischer imperativ)을 들고 나온다.

칸트는 이와 같이 도덕과 자유와 인격을 같은 선상에서 놓으며 법이 아닌 인간이성의 자발성에 근거한 새로운 세상, 아름다운 세상을 꿈꾸는 것을 알 수 있다. 그러한 면에서 그의 도덕철학은 곧 미학으로 이행한다. 칸트는 어떤 것을 아름답다고 할 규칙은 없으나 우리는 누구나 기분 좋게 하는 것에 대해 이야기하며 또 알고 있다고 한다. 이러한 순수한 미학적 판단은 대상에 관심이나 욕망을 가지지 않고 단지 유쾌할 뿐이라 칸트는 이야기한다.

주관적 느낌과 관련된 취미(taste)는 기쁨을 수단으로 하는 재현의 한 방식으로 우리는 그 기쁨의 대상을 아름답다고 한다. 그러나 마음에 든다와 아름다운 것은 다른 것이다.

아름다움과 관련된 취미(geschmack)는 보편적 동의를 함의한다. 이때 아름다움(das schöne)은 개념이 아니라 누구에게나 기쁨을 주는 그 무엇이다. 뿐만 아니라 아름다움에 대한 판단은 암묵 간에 목적을 고려한다. 그렇다고 아름다움은 단순한 목적의 재현이 아니라 대상이 지닌 궁극성의 형식이다. 아름다움이란 이처럼 주관적 원리와 느낌만으로 유쾌를 결정하거나 또는 개념을 통해서 이루어지는 것이 아니라 보편 타당성을 가지고 그것을 결정하는 원리를 가진다. 그러한 면에서 심미적 판단은 상식을 전제로 한다. 우리에게는 바로 이러한 상식이 있는 바, 아름다움은 개념과 무관하게 필연적인 기쁨으로 인식된다며 칸트는 처음으로 미에 관한 이성적 논의를 전개한다.

우리는 무엇이든 알 수 있다

우리가 아는 것은 정신의 작용에 의해 드러나 현상만을 알 수 있을 뿐 자신 밖에 실재하는 사물 그 자체에 대해서는 알 수 없다고 말한 칸트에 대해, 정말 우리가 물 자체를 알 수 없다면 그것을 알 수 없다는 사실을 도대체 우리는 어떻게 아느냐고 되물으며 칸트가 불가능하다고 선언했던 실재에 대한 세계를 체계적으로 완벽하게 완수해간 사람이 헤겔

(Georg Wilhelm Friedrich Hegel, 1770~1831)이다.

헤겔은 독일이 정치적으로 아직
통일국가를 이루지 못하고 봉건영
주들의 경합이 치열한 상황에서 경
제적으로도 매우 어려운 시기에 독
일의 서남부 슈투트가르트에서 태
어났다. 그러나 이 시기는 이와 달
리 독일 지성사에서 매우 찬란하

헤겔

고 풍요로운 시기였다. 그래서인지 그는 누구보다도 인간이
성에 무한한 신뢰를 보내며 피히테(Johann Gottlieb Fichte,
1762~1814) 셸링(Friedrich Wilhelm Joseph von Schelling,
1775~1854)과 더불어 독일 관념론을 완성시켜 나간다.

그는 무엇보다 앎의 근원을 정신의 철저함에서 찾는다. '미
네르바의 올빼미는 황혼녘에 날개짓을 한다'고 말할 만큼 깨
어 있는 정신을 강조하는 헤겔은 한마디로 '현실적인 것은 이
성적이요, 이성적인 것은 현실적이다'며 정신으로 인식 불가
능한 것이란 있을 수 없다고 주장한다. 모든 것은 정신의 활동
에 의한 것일 뿐 아니라 정신은 시간과 더불어 점차적이고 점
증적으로 모든 것을 확연하게 밝혀나갈 것이라 하는 것이다.

헤겔에게 현상은 시간과 더불어 전개될 실재의 '아직'일 뿐이다. 그런 의미에서 현상은 '아직'인 실재요 실재는 현상의 완전한 드러남이다. 그리고 실재는 사유하는 이성이고 궁극적 실재는 절대관념이다. 헤겔은 세계는 하나의 유기체적 과정, 즉 변증법적 사유과정 속에 있으며 우리는 이를 통해 절대자의 내적 본질인 절대관념에 도달할 수 있다고 보았다.

변증법적 과정이란 '정립(these)'과 '반정립(anti-these)' 그리고 '종합(synthese)'의 운동으로 이후 종합은 다시 새로운 정립으로, 그것이 절대정신에 이르기까지 지속적으로 운동하는 것을 말한다. 이때 모순은 단순한 반대가 아니라 인간의 추론작용에서 적극적인 동력으로 작용한다는 사실이 중요하다. 헤겔은 이에 근거하여 역사철학, 사회철학만이 아니라 자연철학과 '정신철학(philosophie des geistes)' 그리고 '윤리학'과 '정치학'에 이르기까지 모두를 변증법에 근거하여 질서 정연하게 설명해간다.

헤겔의 논리학에 있어 가장 기본적인 요소는 '존재(sein)', '무(nichts)', '생성(werden)'이다. 그는 가장 일반적이고 추상적인 것에서부터 시작하여 특수하고 구체적인 것으로 변증법적으로 운동하는 바, 우리에게 가장 일반적인 개념은 '존재'한다는 사실이라 한다. 사물은 서로 다른 특수하고 상이한 성질을 가지지만 그것은 모두 존재한다는 특성을 갖는다는 면에서 존재야말로 가장 일반적인 개념이라 하는 것이다. 그러므로 존재는 특수한 사물보다 논리적으로 우선한다며 헤겔은 논리학을 존재(being)에서부터 시작한다.

문제는 존재라는 추상 개념에서 어떻게 다른 개념으로 운동해 가는가 하는 것인데, 이를 달리 말하면 어떻게 존재와 같은 보편 개념에서 다른 개념이 추론되는가 하는 문제이다. 이에 대해 헤겔은 한 범주에 내포되어 있지 않은 것에서는 아무 것도 추론해낼 수 없다는 아리스토텔레스의 범주 이론에 근거하여, 하나의 보편이 또 다른 개념을 포함하지 않는 것은 모순이라고 보고 '존재'의 개념에 사물의 특징을 전혀 내포하지 않는 '무'라는 관념까지도 포함시킨다. 왜냐하면 순수존재는 단순한 추상 개념이므로 무규정적이라는 면에서 존재의 개념은 비존재가 되기도 하기 때문이다.

이처럼 헤겔은 존재에서 무를 추론하여 반정립으로 놓고 세 번째 범주인 '생성'의 운동으로 나아간다. 그런 의미에서 생성은 존재와 무의 통일이라 할 수 있다. 이러한 변증법적 과정은 절대관념에 이르기까지 점진적이고 고차적으로 종합, 통일해간다. 이는 다른 시선에서 보자면 절대정신의 자기 전개의 과정이기도 하다.

혜겔은 변증법적 논리에 근거하여 특정한 사물에 의한 감각작용에서 만물의 상호관계를 발견하며 지식의 영역을 확장해간다. 주관성은 객관성으로, 최초의 존재 개념에서 최종적인 절대관념의 개념으로 자기완성을 위한 끊임없는 과정 속에 있는 것으로 설명하는 것이다. 즉 정신은 주관정신(subjektiver geist)에 객관정신(objekiver geist)을 반정립으로 놓고 절대정신을 종합으로 하는 변증법적 운동을 전개해 간다. 이때 주관정신은 인간정신의 내적작용을 말하며 객관정신은 사회정치적 제도 속에서 외적으로 구현된 정신을 뜻한다. 그런데 혜겔은 사회제도를 인간정신의 창조물로 보지 않고 역사의 변증법적 운동의 산물로 본다.

정치철학에 있어서도 혜겔은 '정의'와 '도덕'을 정립과 반정립으로 놓고 이를 종합한 것을 '사회윤리'로 설명한다. 도덕이라는 보편적 의지가 개인의 의지에 제한을 가하는 의무의 표현으로 자유와 의무를 이야기하는 혜겔은, 주관성과 객관성의 관계에서 보다 위대한 조화를 향해 나가는 선을 자유의 실현으로, 그리고 세계의 절대정신을 우리가 추구해야 할 최종 목적으로 여긴다. 이때 자유의 실현이 의무의 한계 안에서 일어난다는 면에서 자유로운 사람이란 의무를 가장 잘 지키는 사람을 가리킨다.

그러나 이는 국가가 지향하는 보편의지와의 종합이라는 측면에서 전체주의로 흐를 위험이 있는 것도 사실이다. 헤겔에 의하면 가족은 객관적 의지의 첫 단계이며 국가는 객관화된 정신이기 때문이다. 다시 말해 국가는 절대 이성의 의지이며 윤리적 이념의 현실태이다. 그럼에도 헤겔은 칸트처럼 세계라는 공통 사회로 더 이상 진전해 나가지는 않는다. 그는 세계를 오직 민족국가들이 국가의 이성을 실현하는 자리로만 여긴다.

헤겔의 역사철학(philosophie der gesichte)은 역사의 목적론적 운동에 의해 정신, 즉 자유 관념이 점진적이며 계속적인 전개과정을 겪는 것으로 이야기한다. 자연철학에서도 자연은 이성적 관념의 대립자로, 이성은 이성적인 것에서 비이성적인 것으로 변증법적 운동을 하는 것으로 설명한다. 그러나 자연은 필연의 영역이며 정신은 자유의 영역으로, 자연은 필연적으로 다음 단계로 나아가나는 가운데 정신과 자연, 자유와 필연 사이의 변증법적 대립을 하며 있다고 한다.

그의 철학은 여러 면에서 중요한 철학사적 의미를 가진

다. 그의 변증법적 운동은 그동안 실재에 대한 논의를 전적으로 뒤집는, 즉 실체의 관념을 운동으로 전환시킨다. 실체적 실재론이 가지는 한계를 극복하고자 하는 그의 변증법적 운동은 그로 인해 현상과 실재는 하나가 됨으로 이성의 절대화를 가져오기도 하지만, 이성의 끊임없는 추구만이 변증법을 가능하게 할 것이라 여긴 헤겔은 이성에 한없는 신뢰를 보낸다.

그의 이러한 태도는 나폴레옹에 대한 기대와 좌절을 겪어야 했던 청년시절의 역사의식과 무관하지 않다. 그래도 역사는 보다 나은 방향으로 진전해갈 것이라는 희망을 저버리고 싶지 않았던 헤겔은 자연스레 목적론적 운동으로 나아간다. 끊임없는 모순이 되풀이 발생하여도 결국은 인류의 목적을 향하여 조금씩 나아가는 것이라는 신념으로 당시 절망을 넘어서고자 했던 헤겔은 이성의 변증법적 과정은 절대관념이라는 목적에 의해, 그리고 목적을 향하여 나아가는 것으로 설명한다. 절대관념으로 향하는 헤겔의 목적론적 운동은 이미 존재 안에 그 모든 것을 가지고 있으나 우리가 그것을 알지 못하기에 끊임없이 되풀이 모순을 발생하며 나아가는 것으로 이야기하는 것이다. 헤겔의 앎에 대한 강조, 이성에 대한 강조는 결국 절대정신이라는 목적에 도달함으로 이루어지는 것이다. 이를 달리 말하면 우리의 삶이란 절대정신의 자기전개에 지나지 않다고 할 수 있다. 그런데 이러한 주장 이후에 나치가 등장하는 것은 우연인가, 아니면 필연이라 해야 할 것인가.

헤겔이 1807년 우리의 정신이 어떻게 시간 속에서 절대정신으로 나아가는지를 모든 학문과 더불어 체계적으로 밝힌 『정신현상학 *Phänomenologie des Geistes*』과 뉘른베르그에서 정신이 변증법으로 자기를 전개해나가는 논리에 대해 쓴 『논리학 *Wissenschaft der Logik*』은 19세기 지성사를 흔드는 매우 획기적인 저서로 자리한다. 그밖에도 1817년에 발표한 『철학백과사전 *Encyklopädie der philosophischen Wissenschaften*』을 비롯하여 『법철학 *Philosophie des Rechts*』, 『미학 *Ästhetik*』, 『종교철학 *Philosophie der Religion*』, 『철학사 *Geschichte der Philo-sophie*』 등도 그의 사상을 말해주는 중요한 저서들이다.

우리는 우리에게 알려진 것만을 알 수 있을 뿐이다

헤겔과 동시대 사람인 쇼펜하우어(Arthur Schopenhauer, 1788~1860)는 이성의 절대적 힘을 믿었던 헤겔과 달리 인간 이성의 한계에 대해 논한다. 폴란드에서 태어난 네덜란드인 쇼펜하우어는 흄에서 칸트로 이어지는 회의주의

쇼펜하우어

의 전통 하에 염세주의라는 새로운 철학사유를 태동시킨다. 그는 유복한 집안에서 태어났음에도 불구하고 유년 시절에는 체계적인 공부를 하지 못했다. 대신 세계를 여행하며 각 나라의 문화와 특성을 터득할 수 있었던 쇼펜하우어는 특히 인도의 우파니샤드(upanishads)에 깊은 관심을 보인다. 쇼펜하우어는 이러한 삶의 경험 토대 위에서 플라톤과 칸트 철학을 근간으로 한 자신만의 지적 세계를 형성해간다. 그이 대표작이라 할 수 있는『의지의 표상으로서의 세계 *Die Weltals Wille und Vorstellung*』(1819)는 이성만이 아닌 감정과의 조화를 시도하려는 그의 사상이 잘 나타나 있다.

그는 이 책에서 '세계란 나의 표상'이라고 말한다. 이때 표

상(vorstellung)은 '앞에 놓인(set in front of)' 또는 '앞에 위치한(placed before)' 등의 의미로, 사람마다 각기 다른 표상을 한다는 면에서 세계는 다름 아닌 '나의 표상'이라는 것이다. 세계라는 실제는 우주 전체일 수 있지만 버클리가 존재하는 것은 지각되는 것이라 했듯이, 우리는 내가 오성을 통해 지각하는 것 이외에 다른 어떤 세계도 알 수 없다는 것이다. 우리는 단지 내가 지각할 수 있는 한에서만 존재한다고 쇼펜하우어는 이야기한다. 그런 의미에서 세계는 나의 표상이라 하는 것이다.

이러한 주장은 '우리가 도대체 무엇을 알 수 있을까, 과연 우리가 사물의 본질을 알 수 있을까' 하는 회의에서 비롯된다. 그가 생각할 때 세상의 모든 것은 그 나름의 이유(reason)가 있을 것이라며 그것이 그것일 수 있는 바로 충분한 이유를 쇼펜하우어는 찾아나간다. 이를 위해 그는 먼저 이 세상에 모든 것을 네 가지 형태, 즉 물질적 대상, 추상적 개념, 수학적 대상, 자아로 분류하며 이에 부합하는 각기 다른 충족 이유에 대해 설명한다.

물리학 등과 같은 물질과학에서는 시간과 공간 안에 '인과적'으로 연관되어 있는 물질적 대상이 있는 바, 우리는 이를 경험을 통해서 인식한다. 그러나 이는 우리의 정신에 의해서 선천적인 범주들로 조직되기 마련이라며 쇼펜하우어는 두 번째 충족이유, 즉 내포 결론 등으로 추론해가는 논리학의 영역에서의 '인식하기'라는 충족이유에 대해 논한다. 그리고 세 번째로는 시간과 공간과 관계된 수학적 대상에서의 '존재'의 충족이유를, 네 번째로는 의지하는 주체인 자아. 다시 말해 자의식(self-consciousness)과 의지 행위 사이에서의 관계에 대한 인식을 지배하는 행위의 충족이유율, 즉 '동기부여의 법칙(law of motivation)'에 대해 이야기한다. 쇼펜하우어는 이 네 가지 모두에게는 물리적 필연성, 논리적 필연성, 수학적 필연성, 그리고 도덕적 필연성과 같이 '필연성'이 내재되어 있다며 쇼펜하우어는 사람들 역시 필연성에 의해 행동한다고 한다. 그에 따르면 우리의 행동이란 단지 필연성에 따르는 것에 지나지 않는 것이다.

그런 까닭에 의지가 들어설 자리가 없을 것 같으나 쇼펜하우어는 의지를 달리 해석함으로 우리의 모든 행위를 의지의 표상으로 이야기한다. 그에 의하면 우리의 육체적 행위는 의지 작용의 산물로, 의지와 행위는 별개가 아니라 객관화된 의지의 행위라 하는 것이다. 우리는 인식하는 주체이자 인식되어야 할 내적 본성이기도 하다며, 쇼펜하우어는 칸트와 달리 우리들이 물자체이며 물자체인 우리는 의지적이라고 말한다. 의지는 우리를 외부로 개방시키는 만물의 내적 본질로서, 각각의 사물은 그 사물의 내적 의지의 발현인 것이다. 자연 속에 있는 모든 힘들은 그러므로 모두 의지의 산물인 것이다.

이처럼 쇼펜하우어는 모든 것을 사물 속에서 작용하는 힘에 대응하여 설명한다. 삶이란 짧은 시간 동안 개체를 유지하는 고통에 지나지 않는, 어떤 목적도 목표도 없이 수행해야 하는 임무와 같다는 것이다. 그는 그러한 면에서 삶이 비극이자 희극이라고 한다. 하지만 윤리와 미학으로 이를 극복해나갈 수 있기도 하다며, 쇼펜하우어는 개인에게서부터 점차 공동체로 의식을 고양시켜 나갈 것을 말한다. 이는 쇼펜하우어 개인적인 학문에 대한 열정과 염세적인 기질에서 기인한다고 할 수 있다.

어떤 공동체여야 하는가

종교에 의존하여 신분사회를 이루었던 중세의 해체는 곧
종교 이외의 다른 학문으로 다른 체제로 향함을 의미한다.
새로운 사회의 출현으로 인한 혼란은 힘에 의한 통치를 주장
하는 에라스무스와 제왕적 강력한 지도자를 요청하였던 홉
스의 출현을 맞기도 하고, 기존의 잔재를 제거하기 위해 인
간의 정체성조차도 영혼이 아닌 사물로부터 새롭게 구하기
도 한다. 그리고 인간 이성에 의한 탐구정신과 그에 기반을
둔 과학학문, 그리고 이에 준하는 새로운 질서와 도덕, 법을
요청하는 근대인은 개인의 존엄성에 의거한 자유롭고 평등
한 시민사회를 구축하기 위해 새로운 사회국가 건설에 매진
하기도 한다.

최대 다수의 최대 행복을 위하여

이들의 열망은 경험론과 합리론과는 또 다른 새로운 학
문적 태도, 즉 공리성의 원리에 기초한 이른바 공리주의
(utilitarianism)를 가져온다. 그 대표적인 사람이 최대다
수의 최대행복을 이야기한 제러미 벤담(Jeremy Bentham,

1748~1832)이다. 영국 런던에서 태
어난 벤담은 뛰어난 천재이기도 하
지만 귀족주의적 사회구조를 비판
하며 모든 사람이 평등하게 존중받
는 민주적 질서를 옹호한 개혁가라
는 면에서 마음이 따뜻한 사람으로
알려져 있다.

벤담

그가 1789년에 쓴 『도덕 및 입법 원리 입문 *Introduction to the Principles of Morals and Legislation*』에서 사람은 누구나 쾌락은 원하고 고통은 피하고 싶어 한다며 승인(approve)과 부인(disapprove)에 근거한 공리주의를 주창한다. 그는 공리성의 원리에 따라 승인은 선, 부인은 악으로 모든 것이 환원 가능하다며 이에 근거한 윤리, 도덕, 법, 정치를 새롭게 제안한다. 이를 위해 그는 동기보다는 실질적인 행위의 외적 결과들을 중요시하며 수학적 엄밀성에 기초하여 총량을 계측하고 이에 따라 '최대 다수의 최대 행복'을 모든 판단의 근거로 삼는다.

총량을 계산하기 위해서는 먼저, 쾌락 그 자체의 '강도(intensity)'와 '지속성(duration)', 그리고 '확실성(certainty)'과

'근접성(propinquity)'을 고려할 수 있어야 한다고 하는 그는 그러나 가까움에 따라 달라지기도 하고, 이것들에 의해서 이끌리는 결과에 따른 쾌락의 '다산성(fecundity)'과 그것의 '기회', '순도(purity)' 외에 고통이 쾌락에 수반될 기회와 같은 '상황' 또한 포함되어야 한다고 말한다. 그밖에도 벤담은 쾌락의 '범위(extent)', 예를 들면 그것에 영향을 받은 사람들의 '수' 등과 같은 것도 계산되어야 한다고 이야기한다. 그는 한쪽에는 쾌락들의 값을, 또 다른 한쪽에는 고통의 모든 값을 놓고 이를 가감하여 쾌와 고통을 논한다.

이와같이 최대 다수의 최대 행복을 논하는 벤담은 공동체를 위해 부득이하게 승인과 부인, 쾌와 고통의 관점에서 처벌의 문제를 논해야만 하는 당위를 논한다. 그는 처벌의 문제에서 직접적인 악영향을 주는 1차적 해악과 그로부터 파생된 2차적 해악을 구분하며 모든 것은 전체의 행복을 증대시키는 방향으로 작용되어야 하는 바, 처벌은 기본적으로 악이지만 처벌을 통해서 보다 커다란 악을 방지할 수 있다는 면에서는 필요악을 인정한다. 그러나 그는 처벌이 근거가 없거나 효력이 없을 경우, 그리고 처벌이 무익하거나 처벌로 인해 파생되는 악이 더 클 경우, 또 처벌이 불필요한 경우에는 공리성의 원칙에 따라 처벌하지 않아야 한다고 한다. 또한 처벌은 범법자가 취했을 이익보다 월등해야 다시 말해 범법 행위보다 처벌이 커야 한다고 한다. 그리고 동일한 행위에 두 번 처벌하지 말아야 하며, 처벌은 처벌의 이유보다 커서는 안 된다고 한다. 뿐만 아니라 벤담은 체포가 불확실할수록 이에 따른 처벌도 가중해야 하며, 습관적인 범법행위의 경우도 마찬가지로 이를 참작해서 처벌을 할 수 있어야 한다고 이야기한다. 이처럼 처벌은 변용 가능하며 계량 가능하다고 여기는 벤담은 그러나 처벌은 가능한 절제하는 것이 바람직하며, 교도적이고, 유사한 행위에는 처벌 또한 그러한 의미에서 예방적 기능을 가져야 한다고 이야기한다. 그는 또한 피해자에게는 보상을 하여야 하며 같은 문제를 더 이상 일으키지 않는다고 충분히 여겨질 때에는 사면하는 것이 마땅하다고도 이야기한다.

벤담은 기본적으로 관습법(common law)보다는 공리주의에 기초한 성문법에 의해서 국가는 운영되는 것이 바람직하다고 본다. 그에 의하면 정부 자체가 처벌이라는 제약과 폭력을 수반한다는 점에서 해악이기는 하지만 더 큰 악을 방지하기 위한 정당성을 가지는 만큼 국가는 최소의 형태가 마땅하며, 국가는 최대 다수의 최대 행복을 위해 요람에서 무덤까지 책임지는 복지국가의 역할을 해야 한다고 주장한다. 그

의 이러한 주장은 봉건제에서 아무런 물적 토대 없이 자유라
는 이름으로 유실된 일반 대다수 사람들의 삶을 국가가 보장
하는 것이 마땅하다는 태도를 견지하는 것이라 할 수 있다.

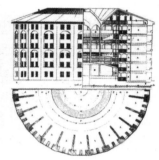

벤담의 원형감옥

질적 차이를 인정해야 한다

그러나 이러한 양적 기준에 의한 공리주의는 사람을 계량
화하고 이에 준하는 제도를 취한다는 면에서 한계가 있다. 이
를 비판하며 나오는 것이 질적차원이 근거한 공리주의이다.

신분에 의해 주어진 삶에서 스스로 만들어 가야 하는 삶으
로 바뀐 근대사회에서 지식은 단순한 앎에 대한 열망을 넘어

신분상승의 사다리로 작용한다. 근
대인들은 새로운 지식 그 자체에 대
한 추구도 그 어느 시대보다 강하였
지만 지식을 통한 새로운 사회질서
에 민감하고 예민하게 대응했다. 그
러한 면에서 근대는 새로운 지식에
관한 학문이 새로이 생겨나기도 하

밀

고, 그에 따른 지식과 관련된 인식방법, 탐구방법 등이 주로 이
야기된다. 그중에 한 사람이 존 스튜어트 밀의 아버지이다. 바
로 그러한 지향성을 가진 아버지 밑에서 혹독한 교육을 받으
며 자라난 존 스튜어트 밀(John Stuart Mill, 1806~1873)은 한 때
그로 인해 신경쇠약에 걸리기도 하지만 덕분에 벤담과 견줄
만한 질적 공리주의를 주창하기에 이른다.

밀은, 쾌라는 것은 양이 아닌 질이 문제라는 질적 공리주
의를 제시하며 이를 만족한 '바보와 불만족한 소크라테스'의
비유로 설명한다. 사람은 단순한 욕구보다는 지성이나 상상
력과 같은 보다 고차적인 쾌를 추구하는 존재로 단순히 양이
문제가 아니라 질이 더 요구된다고 주장한다. 물론 밀도 벤
담과 같이 경험에 근거하여 인간본성의 토대를 쾌로 이야기
하고는 있지만 그는 양보다는 질을 문제시 한다. 이는 쾌가

도덕의 기준이 아니라 그 이상의 고차원적인 무엇이 전제되어야 한다는 것을 의미한다. 다시 말해 도덕성은 우리가 경험하는 단순한 쾌의 양에서가 아니라 인간을 인간이게 하는 그 무엇에 의해서 주어지는 것이라 하는 것이다. 사람은 누구나 행복하기를 원하며, 행복하기 위해 고통을 멀리하고 쾌를 추구한다는 것이다. 그런 까닭에 행복하다고 느끼는 쾌, 즉 양이 아닌 행복하다고 느낄 수 있는 감정이 중요하다고 밀은 말한다. 그는 이러한 감정이 계산할 수 있는 양의 문제가 아니라 선호(preference)와 같은 느낌과 판단의 문제라고 이야기하는 것이다.

밀은 최대의 행복을 가져다줄 공리성이란 다름이 아니라 그것이 옳다고 느끼는 도덕규칙에 우리가 따르고 있다는 사실에 근거한다며 다음과 같이 이야기한다. 첫째, 법률과 같은 사회제도들은 개인과 전체의 조화 속에서 이루어져야 하고, 둘째 인간성의 형성에 기여하는 교육은 개인의 행복과 전체 선의 불가분적 연관성을 확립시킬 수 있어야 하며, 셋째 전체 선을 증진하고 이를 행하려는 의식이 사람들에게 습관처럼 작동될 수 있어야 한다는 것이다.

이와 같이 쾌를 양이 아닌 질로 이야기하는 밀의 질적 공리주의는 쾌의 근거가 쾌 외에 다른 것에 있음을 말해준다. 즉 행복이야말로 도덕적 삶의 중심, 인간 행위의 가장 바람직한 목표라 밀은 이야기하는 것이다. 행복이야말로 바람직하다는 말은 행복을 추구하는 것이 우리의 도덕적 의무라는 말로, 공리주의의 원리에 따르면 행위가 행복을 산출하는 한 그것은 선하거나 옳다는 것이다. 우리가 쾌를 추구해야만 하는 까닭은 우리가 그것을 이미 추구하고 있기 때문이며, 어떤 것이 바람직한 까닭도 삶이 실제로 그것을 원하기 때문이라 한다. 그리고 행복이 바람직한 것도 그 자신이 행복을 원하기 때문이라는 것이다. 우리가 전체의 행복을 추구할 때 사람들은 우리에게 동의하지만 그렇지 않을 경우에는 동의하지 않는다며 그 외적인 경우도 밀은 같은 논리로 설명한다.

그러나 밀은 외적보다는 내적인 것의 계기에 보다 관심을 기울인다. 우리가 외적의무를 위반했을 때 우리는 누구에 의해서가 아니라 스스로 이에 따르는 고통과 죄의식을 가진다며, 이런 의식은 비교적 초기에 교육을 통해 형성되는 감정으로, 이는 곧 동정과 사랑 두려움의 감정이라고 밀은 말한다. 그리고 이러한 감정은 종교적 감정, 유년기와 회상, 존경을 받으려는 열망, 자기 비하 등으로 드러나기도 한다고 이야기한다. 이처럼 밀은 도덕의 문제를 외적차원에서 다룬 벤담과 달리, 내적인 면을 중시하며 도덕성을 자연적 감정으로, 주관적 느낌으로, 그리고 인류의 양심적 감정으로 이야기한다.

이 문제는 결국 개인과 국가는 어떻게 관계하는가 하는 문제로 집약된다. 밀은 기본적으로는 민주주의에 동의하나 그것이 가지는 내포된 위험에 대해서는 경계한다. 국민의 의지란 다수의 의지라는 면에서, 다수에 의한 소수의 억압, 즉 일종의 여론 전제정치의 위험 역시 상존한다고 보는 것이다. 국가는 개인의 질적 삶을 살 수 있는 자유를 보장해야 하며 무엇으로도 이를 방해해서는 안 된다. 국가는 개인이 더 잘할 수 있도록, 그리고 개인의 발전과 교육이 바람직하게 행해질 수 있도록 하기 위한 최소한의 권력이어야 하며 구성원에 해를 끼치지 않는 방향으로 나아가야 한다는 '자유의 원리'를 중요시해야 한다고 밀은 주장한다. 그의 이러한 사상은 1843년에 쓴 『논리학 체계 *System of Logic*』를 비롯하여 1859년에 발표한 『자유론 *On Liberty*』과 『경제학 원리 *Principles of Political Economy*』, 그리고 1861년에 쓴 그의 대표저서라 할 수 있는 『공리주의 *Utilitarianism*』 등을 통해 아주 잘 드러나고 있다.

언제 어디서나 동일한 과학적 사실에 근거하여

벤담과 밀이 양과 질이라는 서로
다른 공리주의적 입장에서 사회에
대해 논했다면 이와는 전혀 다른
관점에서 사회를 재정립하려 한 사
람이 콩트(Isidore-Auguste-Marie-
François-Xavier Comte, 1798~1857)

콩트

이다. 프랑스 몽펠리에에서 태어난 콩트는 프랑스 혁명으
로 혼란한 시기를 살면서 이를 극복할 수 있는 길을 과학
적 방법에서 찾는다. 다시 말해 사회도 엄밀하고 확실한 과
학적 사실로 대치되어야 한다는 것이다. 이러한 그의 주장
을 우리는 실증주의라 부른다. 콩트는 실증주의를 주창하
며 이에 근거하여 사회를 다루는 '사회학(sociologie)'을 출
발시키는데 그의 주저이기도 한 『실증 철학 강의 *Cours de
Philosophie Positive*』(1830~1842)는 바로 이러한 그의
사상을 가장 잘 담고 있다.

그의 관심은 프랑스 혁명으로 인하여 무질서한 당시 사회
상황을 과학혁명이 이루어낸 성과에 준하여 사회체계를 전
면적으로 재조직 하는 데 있다. 이를 위해 먼저 그는 사회, 정
치, 도덕, 종교 등의 학문을 실증주의에 입각하여 재정립하

기를 원했다. 그리하여 콩트는 자연의 궁극적인 목적이나 원인을 규명하는 작업을 거부하고 대신 사물들 간의 관계를 관찰함으로서 다양한 현상들 간의 불변적인 법칙을 발견해내는 일에 주력한다. 그에 의하면 우리는 어떤 사물의 본질이나 실재에 대해서는 알 수 없고, 단지 현상들의 관계를 통해 항구적이고 동일한 법칙만을 알 뿐이라 한다. 그러므로 우리는 이에 근거한 새로운 학문적 태도를 가져야 한다는 것이 콩트의 주장이다.

콩트에 의하면 학문을 하는 방법에는 세 가지가 있다고 한다. 그중 하나는 모든 것을 신성한 힘에 의한 것으로 설명하는 신학적 태도이고, 두 번째는 비인격적이고 추상적인 힘으로 설명하는 형이상학적 태도이며, 세 번째는 현상들 간에 불변적인 관계들에 대하여 연구하는 과학적 태도이다. 콩트는 신학적인 태도에서 점차 형이상학적으로 그리고 과학적으로 나아간다며 이를 '세 단계의 법칙(loi des trois états)'이라 부른다. 이 세단계의 법칙이 철학, 과학, 종교, 정치에도 작용한다고 생각한 콩트는 사회구조는 철학적 정향을 반영하고, 철학 사상의 변화는 정치 질서의 변화를 야기한다고 말한다. 콩트는 실제로 노예국가는 신학적 단계로 왕권신수설을 주장하나, 자연권이나 시민주권 같은 추상적 원리를 주장하는 자유민주주의는 형이상학적 단계를 가진다고 한다. 그리고 서로 다른 능력을 인정하고 기능하는 실증주의는 과학적 단계로 이야기한다. 지식의 발전은 일반성의 감소에서 복합성의 증가로, 그리고 추상적인 것에서 구체적인 것으로 진행하는 바, 과학적 정신은 역사의 현실적 조건과 관계한다고 콩트는 말한다. 하나는 가족, 사유재산, 언어, 종교와 같이 정태적(static)으로, 또 다른 하나는 위의 세 단계 법칙과 같은 동태적(dynamic)인 형태로 역사의 현실적 조건과 과학은 밀접한 관계를 이루며 있다는 것이다.

문제는 우리가 어떻게 이 정태적인 것을 유용하게 이해할 수 있느냐 하는 것이다. 콩트는 중세의 공동사회를 모델로 삼아 종교와 사회의 친밀한 관계, 다시 말해 사상 체계와 사회구조들 간의 조직이 이루어지는 친밀한 관계를 재정립함으로써 당시 사회의 무질서를 극복해 내고자 했다. 콩트의 역할은 과학의 입장에서 종교의 본성을 재인식함으로써 새로운 종교와 사회의 구조를 결속시킴과 동시에 사람들의 지성과 감성을 통일시킴으로써 인간의 모든 행위에 목적 내지는 지향성을 고취시키려 하는 것이다.

콩트는 이를 위해 새로운 인간성의 종교를 세운다. 다시 말해 실증과학을 통해 건강한 철학, 참된 종교로서의 철학을 새롭게 제시하는 것이다. 실증철학의 기능은 감정을 통해 이성과 행위를 조화롭게 함으로써 개인적 실존과 사회적 실존의 전 과정을 과학적으로 체계화한다. 이때 사랑이 최고의 도덕률로서 교육은 사회에 영향력을 미친다. 사람들이 생존을 위해 물적 자원을 인간의 노동력과 결합시킴으로써 근대국가의 산업을 조직화하고 노동력을 신장하는 데 크게 기여했다면, 인간성에 기초한 실증종교(positive religion)는 다름아닌 그러한 인간성을 숭배하는 데 있다고 한다. 인간성이란 상대적이고 개선 가능하며 완전 지향적이다. 그러므로 우리는 인간성을 숭배함으로 보다 나은 사회로 진보해갈 수 있다는 것이 콩트의 생각이다. 자신의 끊임없는 행위, 노력이 우리의 운명의 엄격성을 완화시켜줄 수 있는 유일한 섭리라고 본 콩트는 사랑이 그 원리이고, 질서는 토대이며, 진보는 목적이라 말한다. 콩트는 이와 같이 인간성으로부터 물질적, 지적, 영적 도덕적인 자원을 이끌어낸다.

콩트에게 특이한 점이 있다면 그것은 여성에 대한 인식이다. 콩트는 어린아이를 안고 있는 젊은 어머니를 상징화하며 가족 내에서 여성의 창조적인 역할이 곧 사회가 나갈 목적을 제시한다고 보았다. 다시 말해 인간성의 종교가 성공하기 위해서는 가족의 안정과 이타주의 정신, 그리고 사랑을 통한 가족의 교화가 중요한데, 이를 여성에게서 구하면서 콩트는 여성의 역할을 강조한다. 그는 여성을 모든 사회의 기본을 구성하는 도덕적 섭리로, 사제는 지적 섭리, 자본가은 물질적 섭리, 노동자는 일반적 섭리로 설명하면서 모든 국민이 최고 존재의 활동을 해나가야 할 것을 주장한다. 그러나 콩트는 대다수의 사람은 아직 그런 상태가 아니기에 그들의 무절제한 자유를 제한해야 하며 소수의 전문가에 의해 지도되는 것이 마땅하다는 생각을 한다.

이처럼 콩트는 전시대의 보편적 속성인 실증주의를 지적으로도 혼란하고 사회적으로도 불안정한 시대를 위한 대안으로 제시함으로써, 그만의 독창적인 사회학으로서의 실증주의를 탄생시킨다. 그것이 과연 바람직한 것이었는가 하는 문제와는 별도로, 경험론자들의 유산을 통해 사회를 새롭게 재조직해보려는 콩트의 열정은 오늘날까지도 다양한 형태의 사회과학적 방법론자들 및 현대 논리 실증주의자들에게 지대한 영향을 미치고 있다.

공산 혁명으로

다른 생명체와 달리 자신이 사는 세계를 가장 바람직한 형태로 만들고 싶어 하는 인간의 열망은 어느 시대나 있고 그것이 인류의 역사라 할 수도 있지만 실제로 가장 많은 인구에 영향을 미친 사람이 있다면, 그가 바로 카를 하인리히 마르크스(Karl Heinrich Marx,

마르크스

1818~1883)가 아닌가 한다. 물론 그의 생전에는 아니지만 20세기 후반 지구의 1/3 이상은 그의 사상으로 일대 변혁을 겪는 그야말로 혁명의 시기를 살았고 그 영향은 지금도 여전히 이어지고 있기 때문이다.

독일 트리어에서 태어난 프로테스탄트 유대인인 마르크스는 부유하고 지성적이며 합리적인 사고를 하는 집안과 환경 속에서 그 시대의 다른 사람들처럼 평범하나 성실히 학문에 열중하던 사람이었다. 그런 사람이 오늘날 우리가 생각하는 공산혁명의 핵심인물이 되기까지에는 몇 사람의 스승과 친구들의 만남이 있다. 예나 대학에서 법학을 공부하던 마르크스가 스승을 따라 1836년 베를린 대학으로 옮겨 가면

서 철학을 접하게 된 이후, 그는 전혀 다른 길을 걷기 시작한
다. 그곳에서 마르크스는 헤겔의 관념론과 변증법적 역사관
에 깊은 영향을 받고 급진적인 소장 헤겔학자들의 모임[11]에
참석하기 시작한다. 마르크스는 헤겔에게서 세계란 하나의
유일한 실재인 이성의 체현으로 생각될 수 있다는 점에 깊
이 전도된다. 역사는 물질적 자연과 사회 정치활동과 인간의
사유가 서로 관련하면서 보다 단순하고 낮은 단계에서 좀 더
복잡하고 완전한 단계로 발전과 변화의 과정을 겪는다는 전
제 하에, 헤겔은 어떤 한 시대와 장소에서 생겨난 인간의 사
상과 행동은 이 모든 것들이 하나로 하여 생겨난 것이라 주
장한다. 마르크스는 이 세계가 관념이라 할 수 있는 영혼이
나 마음의 작용에 의한 것이라는 헤겔의 인간본성과 세계에
대한 새로운 이해에 고무된다.

그러나 마르크스는 이에 머물지 않고 같은 모임에서 만난
포이어바흐(Ludwig Feuerbach, 1804~1872)와의 대화를 통해
자신만의 새로운 사유로의 길을 열어 나간다. 포이어바흐는

---

11) '베를린 박사클럽'(berliner doktorklub)이라 불리는 이 모임은 베를린 대학교 졸업생들
이 베를린 근교 슈트랄라우의 프랑스가 주점에서 매주 정기적으로 모인 모임을 가리킨
다. 이 모임은 1831년 헤겔이 죽고 나자 그의 사상에 대해 정통적인 태도를 취하려는 우
파와 그의 사상으로 자유를 보다 더 천착해 나가려는 헤겔좌파(linkhegelianer)로 분리된
다. 마르크스는 청년헤겔파(junghegelianer)라고도 불리는 좌파의 입장에서 포이어바흐
와 같은 이들과 뜻을 같이한다.

헤겔의 관념론을 정반대로 재해석하여 근본 실재는 정신이 아니라 물질이라며 철학적 유물론을 주창한다.[12] 역사란 인간이 자기를 극복해 가기위한 투쟁의 역사라는 포이어바흐의 이러한 주장은 마르크스에게 지대한 영향을 미친다. 마르크스는 헤겔의 변증법적 역사관과 더불어 포이어바흐의 유물론적 사관을 중요한 두 축으로 하여, 철학은 세계를 보여주고 증명하고 분석한 것이 아니라 단지 세계를 서로 다르게 이해하고 해석해왔을 뿐이라며, 세계는 이들에 의해 변화해 왔다는 사실에 근거한 새로운 사상을 세워간다.

뿐만 아니라 마르크스는 파리에서 『계급투쟁론』을 쓴 생시몽과 평생 동료인 엥겔스를 만나 프랑스 혁명의 실패는 물질적 질서의 실재들을 간과한 탓임을 깨닫는다. 이때 마르크스는 삶에서 물질적이고 경제적인 것이 얼마나 중요하며 그러한 현실에 처한 사람들에게 실제적인 관심이 주어져야 한다는 생시몽의 주장을 받아들여 실천적인 사회운동에도 관심을 기울인다. 그러나 프랑스에서 추방당한 마르크스는 브

---

12) 포이어바흐는 1841년에 쓴 『그리스도교의 본질 *Das Wesen des Christentums*』에서 실재는 신이 아니라 인간이라며 인간의 신에 대한 관념을 분석해 들어간다. 그리고 신에 대한 모든 지식이 실은 인간의 지식에 지나지 않는다며 사고의 틀을 신에서 인간에게로, 그리고 다시 물질로 규명한다.

뤼셀을 거쳐 런던으로 거처를 옮기게 되고, 그곳에서 1848년 국제공산주의 연맹의 강령인 '공산당 선언(manifest der kommunistischen partei)'을 발표하기에 이른다. 그러나 마르크스는 우리가 아는 것과는 달리 실제로 대부분의 시간을 연구와 저술활동에만 매진한다. 그의 대표작 『자본론 *Das Kapital*』도 이 시기에 집필, 출간되었다.[13)]

그의 핵심 사상은 역사의 변화와 발전과 그 동인으로서의 물질적 질서, 노동의 소외, 이념의 근거와 역할에 대한 것이었다. 마르크스는 계급은 생산의 발전에 따르는 역사의 단계와 깊이 관련이 있다고 여긴다. 때문에 그가 말하는 계급투쟁은 필연적으로 프롤레타리아의 독재를 초래하고, 독재는 모든 계급의 폐지와 계급 없는 사회로의 전환을 요청한다. 그는 『자본론』 서문에서 '현대사회의 경제적 운동의 법칙을 폭로하는 것이 궁극적인 목적'이라며 시대를 다섯 단계 – 원시공동사회, 고대노예사회, 중세봉건사회, 근대자본주의사회, 그리고 미래에 다가올 사회주의적 공산주의 사회로 나누

---

13) 마르크스의 『자본론』은 본래 제1권 '경제학비판', 제2권 '사회주의자 비판', 제3권은 '경제학의 역사'로 기획되었으나 집필과정에서 마르크스는 다시 자본, 토지소유, 임노동, 국가, 무역, 세계시장, 모두 6권으로 계획하였다. 방대한 양 때문에 여러 권으로 나누어 출판해야 하는 상황에서 1권은 그의 생전인 1867년에 출판되었으나 2권은 그의 사후 엥겔스가 수고를 모아 1885년에 출판하였고 3권은 1894년 역시 엥겔스에 의해 출판되었다. 그러나 나머지 초고 자본론 제4권은 그의 친구인 카우츠키에 의해서 마르크스가 죽고 난 뒤 23년 후인 1905년 『잉여가치학설사』라는 이름으로 출간되었다.

고 여기에서 시대의 운동의 법칙과 역사는 이 다섯 단계의 시대를 거친다는 주장을 피력한다. 즉, 그는 변증법적 유물론에 근거하여 사회발전이론을 전개한다.

마르크스는 지난 온 역사를 살펴 볼 때 역사는 이와 같은 단계를 거치는 것을 우리는 잘 알 수 있을 뿐만 아니라, 각각의 시대가 어떠한 양상으로 전개, 변화하여 새로운 시대를 맞게 되었는지도 알 수 있다고 한다. 이를 통해 우리가 역사의 운동법칙을 발견할 수 있듯이 미래 또한 예측 가능하다며 마르크스는 공산사회의 도래를 이야기한다. 마르크스는 공산사회야말로 모든 사회가 최종적으로 도달하게 될 사회라 하는 것이다. 그는 개인의 행위는 물론 한 사회의 행동양식도 자연과학처럼 분석이 가능하다는 전제 하에 경제학의 상품 생산 및 가치 생산도 생물학과 같은 동일한 질서를 가지는 것으로 보았다. 그는 각 시대의 구조를 분석할 때 이에 준하여 사회 계급간의 갈등의 문제를 언급한다. 다시 말해 마르크스는 역사를 갈등의 산물로 여기고 이를 설명하기 위해 헤겔의 변증법과 포이어바흐의 유물론을 결합시켜 '변증법적 유물론(dialectical materialism)'으로 설명해가는 것이다.

그에 따르면 만물은 변화의 변증법적 과정 속에 있다. 우리가 지각하는 세계가 존재하는 모든 세계라 하며 마르크스는 역사란 엄격하고 냉혹한 역사의 운동법칙에 따라 한 시대에서 다른 시대로 변화하며 있다는 것이다. 이때 변화란 성장하는 것도 단순히 반복하는 것도 아닌 새로운 구조와 형식의 출현을 의미한다. 변화는 사물의 양적 변화만이 아니라 질적 변화를 수반한다. 그리고 경제 질서에서 양적인 요소는 결국 사회전체의 질적 변화를 초래한다며 마르크스는 원시 공산시대에서 노예제로, 그리고 봉건제와 자본제로 변화해 가는 역사가 바로 이를 증명한다고 한다. 마르크스는 양적인 요인이 질적 변화를 초래한다는 주장에 근거하여 자본주의의 양적 변화가 불가피하게 자본주의의 해체를 가져온다며 이를 '양적인 도약(quantitative leap)'이라고 한다.

사물의 본질 내에는 근본적인 모순이 존재하며 이 모순이 변증법적인 운동을 야기한다는 마르크스 변증법적 운동은 지연되거나 가속은 되어도 궁극적으로 저지할 수는 없다는 것이다. 역사는 그것과 더불어 진행된다는 사실만이 실재한다며, 마르크스는 실제 역사상의 여러 시대를 분석하여 얻은 변화에 대한 법칙, 즉 변증법적으로 한 시대는 다른 시대로 변화 이행 하는 바, 자본주의도 이에 따라 질적으로 다른 사회질서로 변화해갈 것이라며, 계급들 간에 내적 모순이 해소

되면 운동도 사라지고 역사도 더 이상 진행하지 않을 것이기에 공산사회의 실현은 곧 역사의 종말을 의미한다고 말한다.

마르크스의 변증법적 발전 이론은 물질적으로 실재하는 질서와 인간 사유의 질서 간의 관계에 의존한다. 마르크스는 물질적 질서의 역할과 인간 사유의 질서의 역할을 구분하며, 하부구조는 물질적 질서로서 역사를 움직이는 동력이 되는 반면에, 상부구조는 물질적 질서를 반영하는 관념들로 구성된다고 한다. 그에게 있어 물질세계는 자연적 환경의 총체로 인간정신의 외부에 존재하는 객관적 실재이며, 정신세계는 단순히 두뇌 피질이라는 유기물질이 반성적 행동의 복잡한 과정에 따른 일체일 뿐이라며, 마르크스는 인간의 정신 활동을 물질의 부산물로 이야기한다.

그러므로 마르크스에 있어 인간정신은 사회적 존재로서 인간의 노동활동에 의해 좌우된다. 물질적 질서는 생산요인과 생산관계로 이루어지는데 생산요인은 삶을 유지할 수 있는 사물들에 의한다. 여기에서 중요한 것은 생산과정 속에서 가져지는 상호 관련의 문제이다. 생산이란 항상 하나의 사회적 행위로서 인간은 개인이 아닌 집단이나 사회로서 자연에 대해 투쟁하기도 하고 또 이용하기도 한다. 우리에게는 인간들 상호간에 이루어지는 생산사회의 동태적 관계가 무엇보다 중요하다. 정태적인 생산요인은 생산관계의 변수일 뿐, 중요한 것은 인간이 생산 활동에 참여하는 방식, 즉 생산관계라 하는 것이다.

마르크스는 이와 같이 생산관계에 대한 분석이 사회분석의 핵심이라 믿었다. 변증법적 과정의 원동력은 바로 이 생산관계에 달렸으며, 생산관계의 핵심은 재산의 상태와 재산의 소유라 보았다. 노예제에서는 노예의 주인이, 봉건제에는 봉건 영주가, 그리고 자본주의에서는 자본가가 생산수단을 독점한다며, 그가 볼 때 노예제에서 봉건제를 거쳐 자본주의의 생산관계로의 변화는 인간 이성의 기획의 산물이 아니라 물질 내 질서의 내적 운동과 논리의 산물이라고 보는 것이다. 다시 말해 생존을 위한 본능은 기구를 사용하고, 그리고 발명된 도구들은 인간이 상호관계를 이루는 방식에 영향을 미친다. 즉 도구는 사람들로 하여금 독립적인 생존을 가능하게 하면서 노동의 분화를 이끈다. 이와 같이 마르크스는 모든 인간의 사유와 행동은 그들 간의 상호관계 및 그들과의 생산수단에 의해 결정된다고 이야기한다.

그런데 모든 시대에 계급투쟁은 있어왔지만 자본주의에서 가장 격렬하게 일어나는 까닭을 마르크스는 다음과 같은 특징에서 찾는다. 즉 자본주의사회에서 계급은 소유계급, 즉 부르주아지와 노동자 계급, 즉 프롤레타리아(proletariat)로 양분된다는 점, 둘째로 두 계급 간의 관계는 근본적인 모순을 내포한다는 점이다. 왜냐하면 두 계급 모두 생산 활동에 함께 참여하지만 그 결과에 대한 분배는 생산에 기여한 역할에 상응하지 않기 때문이다. 셋째는 노동에 의해 생산된 상품은 투입된 노동보다 비싼 가격에 판매되고 그 차익인 잉여가치(surplus value)는 대부분 자본가가 가진다. 그런데 바로 이 잉여가치로 하여 자본주의는 빈익빈 부익부라는 체재의 내적 모순을 겪으며 마침내 공산주의로의 변증법적 운동을 해나가게 된다. 그리고 자본주의 이러한 현상은 점차 가속화되고 가중화되면서 대중은 모든 생산수단을 자본가에게 양도하게 됨으로 노동자들의 투쟁 역시 극대화될 수밖에 없다고 마르크스는 이야기한다.

소수에 집중화된 생산수단의 집중화는 곧 노동소외로 인한 인간소외를 낳으며 이는 결국 비인간화를 가져온다고 본 마르크스는 '소외(alienation)'[14]의 문제를 그의 철학 사상에서 중요한 문제로 다룬다. 그는 소외를 첫째는 '자연'으로부터, 둘째는 우리 '자신'으로부터, 그리고 '유적 존재'로부터, '다른 사람'으로부터의 소외라는 네 가지 측면에서 다룬다.

그리고 그는 소외의 문제를 노동자와 노동 산물의 근본적인 관계에서부터 고찰한다. 즉 필요에 의해 물질세계에서 사물을 취하는(필요가치) 경우 노동의 산물은 노동하는 자의 것이 되나 자본주의 사회에서는 노동의 산물은 노동자의 것이 될 수 없다는 것이다. 왜냐하면 노동자는 노동의 산물을 화폐로 받기에 노동과 노동의 산물의 관계는 해체되고 노동은 상품을 만드는 재료나 물질처럼 사고파는 것이 되기 때문이라 하는 것이다. 그래서 노동자는 자기가 노동한 자연세계로부터 소외되고 결국은 하나의 대상이 되고 만다는 것이다. 대상은 누군가에게 사유화되고 소유되어지기 마련인바, 노동자 역시도 누군가에게 속하게 되므로 노동자는 자기 자신에게서부터 소외된다고 한다. 자기 자신이 아닌 다른 사람을 위해 노동하는 노동자는 그러므로 사람으로서가 아니라 오직 노동을 제공하고 공동체를 유지하고 번식하며 소비하는 자일 뿐이라 하며, 노동자는 자기 자신을 부정함으로써만 존재할 수 있다고 하는 것이다.

그런데 인간이라는 유적 존재는 자유로운 사유와 그와 더불어 활동을 한다는 데 특징이 있다. 다시 말해 사람은 스스로 창조해온 물질세계 속에서 스스로 반성하며 관념의 영역

---

14) 소외에 대해서는 『1844년의 경제 철학 초고 *Ökonomisch-philosophisches Manuskript aus dem Jahre 1844*』에서 아주 잘 기술하고 있다.

에서 지적으로뿐만 아니라 활동적으로 스스로를 확대, 재생산하는 데 특징이 있다. 그런데 인간의 노동이 소외되면 이러한 인간적 특성 역시 사라지기 마련이라며, 노동으로부터 소외된다는 것은 자유롭고 자발적인 나의 활동과 창조로부터도 소외된다는 의미로, 그리고 이는 또한 다른 사람으로부터의 소외 된다는 의미를 수반한다고 한다. 즉 사람과 사람과의 관계도 소외되게 마련이라 하는 것이다.

이와같이 마르크스는 노동소외로부터 인간소외로까지 이어지는 일련의 소외문제를 통해 사회변혁이 일어나는 추동력을 파악한다. 그리고 본래 나의 것이었던 노동의 산물이 공동체의 것으로, 신의 것으로, 그리고 소수의 자본가의 것으로 되어버린 상황에서 마르크스는 노동과 노동의 산물과의 관계를 다시 정립코자 한다. 노동의 산물은 다시 인간의 것이 되어야 한다고 마르크스는 이야기하는 것이다. 마르크스는 역사란 바로 이들 간의 관계 정립으로 그것이 제대로 되어지지 않을 때 갈등과 전쟁, 혁명이 일어나기 마련이라며 자본주의는 바로 이러한 관계문제로 인하여 필연적으로 공산사회로 나올 수밖에 없다고 한다. 이때 고통을 단축하고 수고를 경감하기 위해 물질의 질서를 잘 아는 것이 필요하나, 우리의 사고란 물질적 질서 위에서 물질적 질서를 합리

화하는 다양한 양태들에 불과하다고 한다. 정의 또한 경제상
의 지배계급의 의지와 생산관계를 현 상태로 유지하려는 지
배계급의 욕구를 반영하는 것으로, 각각의 시대는 그 시대의
생산관계 내의 질서에 의한 그 시대의 관념 체계와 지배 철
학이 있기 마련이라며, 각 시대는 그 시대의 관념 간의 투쟁,
즉 이데올로기 투쟁이 있기 마련이라 하는 것이다.

이와 같이 마르크스는 영원할 것 같은 그 시대의 사상은
단지 그 시대의 이데올로기에 지나지 않는다는 매우 놀라운
통찰력을 보여준다. 이는 그가 자신을 공산주의자가 아니라
고 했듯이 그는 공산주위 이념에 붙들린 자가 아니라 역사를
관통하고 있는 변증법으로서의 자본주의 이후의 공산사회
를 이야기한 철학자라 할 수 있다. 마르크스의 이러한 주장
에 대해 당시 사람들은 별로 관심을 기울이지 않았지만, 그
의 죽음 이후 변증법적 역사관에 기초한 이데올로기 투쟁은
그의 의도와 관계없이 다방면에서 매우 광범위하게 지금까
지도 진행되고 있는 것이 사실이다.

시대의 종말과 새로운 시대에 대한 예언

마르크스는 물질적 토대에 근거하여 경제적인 문제를 다루고 있지만 이후 유럽의 지적 풍토는 더 이상 무엇을 절대화하는 실재성의 차원을 용인하지 않는다. 그러한 면에서 니체가 기존의 형이상학을 부수고 나온 연유도 결코 우

니체

연은 아니라 하겠다. 고착화된 신분사회를 해체하고 탐구의 정신으로 자신이 사는 세계를 새롭게 형성코자 노력을 아끼지 않았던 근대는 관찰과 경험, 그리고 객관적이고 합리적인 사유에 근거하여 새로운 학문, 과학을 태동시키며 이를 통해 눈부신 발전을 이루어낸다. 이에 고무된 사람들은 자신들이 이루어 놓은 업적에 안주하고 있을 때 니체(Friedrich Nietzsche, 1844~1900)는 이들과 반대로 이들이 이루어 놓은 모든 것들의 급격한 몰락을 예언한다. 이름 하여 '허무주의(nihilismus)' 시대의 도래를 이야기하는 것이다. 그러나 니체의 허무주의는 단순한 허무주의는 아니다. 그는 당시 과학의 급진적인 진보에 의해 지배되는 낙관론을 경계할 뿐만 아니라 다른 한편으로는 마르크스의 경제적 결정론과도 다른 그의 역사적 통찰, 즉 생성과 소멸이라는 '영겁회귀(ewige wiederkunft)' 사상에 근거한 시대의 종말과 서곡으로서의 허무주의를 이야기한다.

독일 작센지역의 뢰켄에서 루터파 목사 아들로 태어난 니체는 네 살 때 아버지를 여의고 외가의 다른 많은 여성들 사이에서 유년 시절을 보낸다. 그리고 열네 살에 기숙학교에 입학하여 고전학과 문헌학을 충실히 공부한 니체는 대학에서 프리드리히 리츨(Friedrich Ritschl) 교수를 만나고 바그너의 음악에 심취하며, 쇼펜하우어의 무신론과 반이성주의 저술을 접한다. 이에 심취한 니체는 역사란 '아폴론적인 것(das Apollinische)'과 '디오니소스적인 것(das Dionysische)'의 수레바퀴에 이끌려 영원히 반복한다는 '영겁회귀' 사상을 주장하기에 이른다. 그러나 이는 결정론적인 것이 아니라 우리의 '힘에의 의지(wille zur macht)'가 개입되는 것임을 강조하면서 니체는 자유의지론과 결정론 모두를 극복하는 자신만의 독창적인 사유를 전개해간다.

'힘에의 의지'는 니체 사상 전체를 관통하고 있는 핵심 사상으로, 존재도 생성도 아닌 생명력의 가장 충실한 발현으로서의 '파토스(pathos)'[15]를 그는 이야기한다. 니체는 이에 근거하여 구체적인 실재를 이야기하는 이전의 형이상학을 해체하며 바로 내가 '초인(übermensch)'이 될 것을 주장한다. 그에 의하면 세상에는 자신의 삶에 '주인의식'을 가진 사람과 그렇지 않은 '노예의식'을 가진 사람이 있다. 이에 따라 세상에는 풍요로운 힘에 의한 충동에 의해 행위를 하는 '주인의 도덕(master morality)'이 있는가 하면, 실리에 따라 움직이는 '노예의 도덕(slave morality)'이 있다고 한다. 니체는 동정, 온정, 인내, 근면, 박애, 친절과 같은 행위를 조장하는 노예의 도덕의 형성에는 기독교가 깊이 관여되어 있다고 비판하며 니체는 '신은 죽었다'고 외친다. 인간이 만들어 놓은 형이상학으로서의 신의 죽음을 이야기하는 니체는 내 안에서 넘치는 힘의 충동에 따라 행위 하는 주체인 초인, 주인의 도덕으로 살 것을 이야기한다.

초인이란 부분에서가 아니라 전체적 관망 속에서 '아모르 파티(amor fati)', 즉 자신의 운명을 사랑하는 사람이라 할 수 있다. 초인은 자신의 운명을 견디는 것도 은폐하는 것도 아닌 자신의 운명을 '사랑'하는 사람이다. 그렇기에 자신의 삶

---

15) 파토스는 '고통', '경험'과 같이 청중의 감성에 직접 호소하는 것을 뜻하는 그리스어 'πάθος', 'peıθαs' 또는 'peıθoΩs'에서 유래된 말로 로고스의 반대 의미를 갖는다. 수사학이나 문학, 그리고 영화나 기타 예술의 활동에서 대중과의 의사소통의 한 방법으로 사용되는 파토스는 열정, 감정, 흥분, 격정을 뜻하기도 한다. 그러나 지금은 일시적인 감정적 흥분 외에 무엇인가에 대한 지속적인 정열, 정념, 욕정을 의미한다.

에 주인이 되어 자기에게 밀려오는 운명과 더불어 자신 안에 넘치는 파토스, 힘의 충동에 의거한 창조적인 행위, 삶을 사는 초인이 될 것을 주장한다. 그는 야수는 살해된 것이 아니라 길들여졌을 뿐이라며 강인한 힘에의 의지를 가진 자신의 본능을 다시 살려낼 것을 요청한다.

니체의 이러한 주장은 실제 그의 삶 속에서도 그대로 드러난다. 24세에 박사학위도 없이 바젤 대학의 철학교수가 될 정도로 창조적 사유의 소유자였던 니체는 당시의 사람들이 빠져 있던 과학학문의 기계론적 결정론과 자유 의지론자들 사이에서 세계는 우연도 필연도 아닌 서로 관계 속에 상생하는 인정과 긍정의 역학만이 있을 뿐이라 주창한다. 이는 사실은 없고 관점만이 있을 뿐이며 진리는 없고 해석만이 존재한다는 '관점주의(perspektivismus)'로 나아간다. 니체는 환경에 의한 종들의 진화를 주장한 다윈과도 달리 인간 내적인 힘에 집중한다. 그는 지식의 체계 안에 갇혀 있는 인간의 본성적 삶에 주목하며 지식이 삶에 봉사하는 것이지 삶이 지식을 위해 있지 않다는 주장 하에 어느 것으로부터도 자유로운 사람, 즉 자신의 격정을 다스리고 지식에도 함몰되지 않는 사람이 될 것을 주장한다.

그의 대표작이라고 할 수 있는 『차라투스트라는 이렇게 말했다 *Also sprach Zarathustra*』(1883~1885)는 이러한 그의 사상을 아주 잘 드러내고 있을 뿐만 아니라 『선악의 저편 *Enseits von Gut und Böse*』(1886), 『도덕의 계보 *Zur Genealogie der Moral*』(1887) 외에도 『우상의 황혼 *Die Götzen-Kämmerung*』, 『안티크리스트 *Der Antichrist*』와 같은 많은 작품들을 통해 결코 길지 않은 시간을 살았음에도 그가 얼마나 열정적으로 자신의 삶을 실질적으로 살아간 사람인지 아주 잘 알 수 있다. '미네르바의 올빼미는 해질녘에 날개 짓을 한다'는 헤겔의 말을 인용하여 자신을 대변했던 니체는 한 시대 안에서 살았지만 시대 밖을 넘어서 사유한 그야말로 초인이었다.

우리는 왜 철학을 이야기하는 것일까
왜 필레토스인가
사물의 근본 실재는 무엇인가
왜 모든 것은 변화하며 있는가
다양한 사물이 생겨난 원인은 무엇인가
사물과 그것의 원리는 같은 것인가 다른 것인가
실재하는 입장으로부터 우리는 무엇을 아는가
무엇이 진리인가
진리는 어디에 있는가
무엇이 우리를 행복하게 하는가
무엇이 우리를 구원하는가
신은 어떻게 실재하는가
신도 사물처럼 실재하는가
신은 이름뿐인가
우리는 어떻게 신에 이르는가
우리는 참다운 지식에 이를 수 있는가
우리가 아는 것은 무엇인가
어떤 공동체이어야 하는가
실존에 대한 물음으로
형이상학은 무엇인가
참다운 인간의 본성은 무엇인가
이미지에 의해서 지배되는 사회에서 무엇이 사실인가
자본주의 사회 이후를 내다보며

5

현대

;

다양성을 추구하는 사람들

새로운 시도들

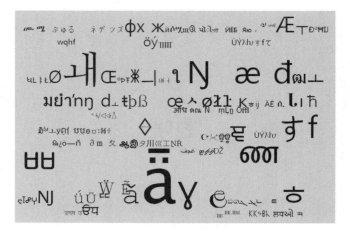

　새로운 세계에 대한 열망을 수학의 엄밀성 위에서 키워갔던 근대인들은 객관성과 합리성이라는 이름하에 언제 어디서나 동일한 진리를 주창한다. 그리고 이에 근거하여 학문도 사회도 그리고 자연도 새롭게 이해한다. 사람들은 과학의 이름으로 앎의 문제를 사람을 중심으로 구축해갔다. 사람들은 이성의 신뢰하에 과학을 발전시키며 탐구의 정신으로 제3세계를 개척해나갔다. 그리고 사람을 중심으로 자연을 자원화해 나갔다. 그로 인해 이전에는 누려보지 못한 물질의 풍요와 성과들에 대해 고무된 사람들은 한편으로는 지나친 낙관론에 빠져들기도 하고, 또 다른 한편에는 개인의 자유와 평등이라는 이념하에 새로운 공동체를 위한 다양한 시도들을 병행해나간다. 공리주의가 그렇고 사회주의와 공산주의는 물론 자본주의사회도 그러하다.

그러나 상대적으로 주체에 대한 강조는 개인주의만이 아니라 지나친 자기중심주의를 낳으면서 자기 아닌 다른 것들을 수단과 방법으로 대상화시키는 우를 범하기도 한다. 하여 마르크스의 지적처럼 인간소외를 낳기도 하고 인간성 상실로 인한 비도덕적인 문제들을 야기하기도 한다. 그리고 급기야는 신구논쟁에서부터 비롯된 대립과 갈등은 민족, 국가, 이념, 인종 등으로 다양화, 극대화, 거대화 되면서 헤게모니를 위한 수많은 분파와 분쟁과 전쟁으로 치닫기도 한다. 그것이 이른바 공산혁명과 세계 1, 2차 대전이라 하겠다. 예전에는 겪어보지 못했던 대량학살과 살상을 경험한 사람들은 무엇이 문제인가를 들여다보며 니체의 지적처럼 시대의 종말을 고하고 새로운 시대를 열어간다. 그것이 현대이다.

현대는 이처럼 시대에 대한 고찰과 함께 이루어진다. 그리고 이러한 노력은 다양한 지역에서 다양한 방법으로 다양한 관점에서 이루어진다. 현대는 근대와 달리 어느 하나로 이야기 될 수 없는 '다양성'을 존중하는 시대, 즉 포스트모던 (post-modern) 사회를 여는 것이다. 이를 가능하게 했던 사람이 이전의 형이상학을 해체하며 나오는 니체이다. 니체가 열어 제친 그 길로 주관과 객관을 넘어서 새로운 학문을 논하는 '현상학'과 현실의 구체적 삶 안에서 실존을 이야기하는 '실존주의', 그리고 세계를 달리 이해하며 존재하는 것이라는 '해석학', 그리고 각각의 사회는 서로 다른 사회구조를 가진다는 '구조주의'와 인간의 내면의 구조를 다루는 '정신분석학'을 비롯하여 사회를 주제로 하는 '사회비판철학', 실제적인 면을 강조하는 '실용주의', 진리의 상대성을 이야기하는 '해체주의'에 이르기까지 현대철학은 '언어'를 중심으로 개인과 사회와의 '관계성' 속에서 보다 구체적이고 현실적인 '삶의 문제'를 직시하며, 분리하기보다는 전체를 하나로 '통전적'으로 보려는 특징이 있다.

지엽적인 지역에서 보다 넓게 확장된 세계를 살게 된 현대인들은 이전과 달리 서로 다른 언어와 그로 인한 문화와 전통을 마주하면서 같음이 아닌 '다름'의 문제에 목도한다. 그런 면에서 근대가 수학의 정초 위에 세워졌다면 현대철학은 '언어학' 위에서 매우 다양하게 이루어진다. 사람은 언어를 통해서 모든 것을 이루어갈 뿐만 아니라 각각의 공동체는 각자 자기의 언어 체계 속에서 생각을 담아가고 소통하고 문명을 이루어가기 때문이다. 그러한 의미에서 세계가 하나의 공동체로 변하는 현대에서는 그 무엇보다 언어의 역할이 중요하다. 이를 정리하면 현대는 다음과 같은 점에서 근대와 차이를 가진다.

근대	현대
수학	언어
이성	감성
분리(부분)	종합(통전적)
동일성	다양성
홀로 주체	상호주체
일방성	관계성
정신	몸
이원론	유기적 하나
주관	사태 자체
인간이성의 무한함	인간이성의 유한성
목적지향적	무목적성
무한성	유한성
목적	과정
공동체(전체)	개인(개별자)
정의	배려
단성(남성)	양성

근대와 달리하는 현대의 주제들

사태 자체로

니체에 의해서 이루어진 시대에 대한 강력한 성찰과 그에 따른 형이상학적 실재에 대한 해체는 실재와 현상, 자아와 대상이라는 이분법적 구도를 허물고 '사태 그 자체를(zu den sachen selbst)' 목도코자 하는 새로운 인식 방법, 즉 모든 외적 사물들과 가정들을 유보하고 도대체 무엇이 우리 의식 안에 현상하는가 하는 문제를 다루는 '현상학(phänomenologie)'[16]의 출현을 가져온다.

후설

현상학은 에드문트 후설(Edmund Husserl, 1859~1938)에 의해 처음 제기되는데 그는 당시 독일령이었으나 지금은 체코로 편입된 모라비아 지방의 프로스니츠(Proßnitz)에서 유대상인의 아들로 태어났다. 라이프치히 대학에서 빌

---

16) phänomenologie은 phenomena, 즉 겉모습이라는 appearances에서 파생된 용어이다. 그러나 후설은 현상이라는 말을 의식과 현상의 구분에서가 아니라 어떤 것을 경험하는 주관적 작용과 같은 의미로 현상의 의미를 확장시킨다.

헬름 분트의 실험심리학을 공부하려 간 후설은 그곳에서 철학에 심취하게 되면서 분트 교수를 따라 빌헬름 대학을 거쳐 빈 대학으로 가 1883년『변수 계산 이론에 관하여 *Beiträge zur Theorie der Variationsrechnung*』라는 연구 주제로 박사학위를 받는다.

그는 논리학과 수학에서 그리고 다시 인식론으로 관심을 이어가면서 주관과 객관을 넘어 보편학으로서의 '현상학'을 주창하기에 이른다. 1891년 첫 저서인 『산술의 철학 *Philosophie der Arithmetik*』을 출간하고 9년 뒤인 1900~1901년 후설은『논리연구 *Logische Untersuchungen*』를 통해 현상학을 처음으로 소개한다. 이로 인해 괴팅겐 대학 철학부 교수가 된 후설은 1911년 『로고스 *Logos*』지에 '엄밀학으로서의 철학 Philosophie als Strenge Wissenschaft'을 발표하며 논문 제목처럼 엄밀학으로서 철학을 정립하기 위해 헌신한다. 1913년에 발표한 그의 주저라 할 수 있는『이념들 *I Die Idee I*』은 바로 이러한 그의 사상을 더욱 확고히 하는 작품이다.

1916년에 프라이부르그 대학으로 옮겨간 후설은 이전과 달리 그곳에서 '(일상)생활세계(lebenswelt)'에 집중하기 시작한다. 그리고 서양 학문이 가지는 한계와 문제를 밝히며 철학의 본래적 역할을 강조하는 『유럽학문의 위기와 선험적 현상학: 현상학적 철학 입문 *Die Krisis der Päischen Wissenschaften und die Transzendentale Phänomenologie : Eine Einleitung in die Phänomenologische Philosophie*』(1936)을 출간하기에 이른다. 그는 이 작품을 끝으로 모든 활동을 접고 2년 뒤인 1938년 나치의 핍박으로 인하여 곤고했던 삶을 마감한다.[17]

후설은 이처럼 브렌타노(Franz Brentano, 1838~1917)의 심리학과 데카르트의 '회의' 그리고 칸트의 '인식의 범주'에 기초하여 인간이성의 고유한 학문인 철학을 '엄밀학'으로 새롭게 정초시키고자 한다. 그가 볼 때 서양학문은 자연과학에 맹목적으로 지나치게 매도되어 인간 이성이 나아가야 할 진정한 방향과 목적을 상실하였기에, 후설은 진정한 학문으로서 철학이 마땅히 해야 할 바를 현상학을 통해 새롭게 열어가고자 하는 것이다. 그가 보기에 자연과학은 살아 있는 유

---

17) 그의 사후에 출판되는 많은 저서들은 그의 작품이 유실될 것을 염려한 벨기에 신부 브레다(Hermann Leo van Breda)가 벨기에로 유출한 것을 1939년 루뱅(Louvain) 대학이 설립된 후 후설 아르키브를 통해 1950년부터 『후설전집』이라는 이름하에 출판되고 있다. 후설은 속기로 쓴 4만 장 분량의 수고(手稿)를 남겼으며 2014년 지금도 계속해서 출판 중이다.

기적인 전체를 죽어 있는 사물로 분석, 분할, 분배하고 이를 수학적 산술의 관계로 대치시킴으로써, 한편으로는 과학의 발달을 가져오기도 하지만 다른 한편으로는 인간 본성까지도 물질적 재료에 기반을 둔 객관적 사실로 여기는 어리석음을 범하고 말았다고 한다. 후설은 바로 이러한 잘못을 시정해가기 위해 자연과학이 가지는 가정과 방법에 의문을 제기하며 자연과학과는 다른 현상학적 인식방법, 즉 '사태 자체로(die sache selbst)'라는 '본질직관(wesen sanschauung)'을 통해 새로운 학문을 열어갈 것을 주장한다.

경험하는 외적 사물들 자체에 대한 모든 전제들에 대하여 괄호를 치고(에포케 epochē) '판단을 중지'함으로[18] 본질을 직관하려는 현상학은 직관에 의해 주어진 명증한 사실에 근거하여 판단하는 엄밀학을 지향한다. 후설은 과학 이전의 삶의 모습을 회복시키기 위해 경험이전의 모든 판단을 유보하고 경험을 통해 주어진 것(the given)을 있는 그대로 발견하고 기술코자 하는 것이다. 이를 위해 후설은 우리의 의식이 무엇을 어떻게 지향하고 있는가를 드러내 보임으로 순수 주관성이 인간 경험의 실제적 사실들을 얼마나 더 정확히 기술하

---

18) 후설은 이를 '현상학적 판단중지(phänomenologische epochē)'라 부른다. 이는 그것들이 실재인지 현상인지를 판단하지 않는 것을 말한다.

고 있는가를 보여준다. 즉, 후설은 데카르트의 '나는 생각한다'를 '나는 어떤 것에 대하여 생각한다'로 바꾸며 논리보다 경험이 우리들의 의식을 보다 정확하게 기술하고 있음을 보여준다. 이것이 후설의 '지향성(intentionalität)' 개념이다.

지향성이란 나의 의식 대상이 나에 의해 구성된 어떤 것을 의미한다. 의식이란 본래 지속적인 흐름으로 차별화되거나 분리된 무엇이 아니라 단지 특정한 한 부분으로, 우리가 그것을 지향함으로써 이루어진다. 우리가 지각하는 분리된 지각대상들은 우리가 지향한 무엇으로 지향성은 경험을 구성하는 '자아'라 할 수 있다. 후설에게 지향성이란 그런 의미에서 의식자체의 구조임과 동시에 존재의 근본 범주를 가리킨다. 내가 무엇을 지각한다는 것은 제한된 시각, 다시 말해 특정한 조건 즉 '지평(horizont)'에서 지각하는 것이다. 지각이란 그러므로 실재의 단편으로 우리는 그런 단편 속에서 그것을 의도하고 지향하며 있는 것이다. 그런 의미에서 우리의 의식이란 무엇에 대한 의식이며 의식은 항상 무엇을 지향한다. 후설은 이를 사유하는 의식과 사유하는 대상, 즉 '노에시스와 노에마의 상관관계(noesis-noema korrelation)'로 설명한다.

후설이 추구코자 하는 것은 의식 있는 삶이다. 그에 의하면 대상은 우리의 의식을 통해서 비로소 온전하게 존재할 수 있는 것이다. 다시 말해서 진정한 자아, 순수자아(ego)를 통해서만 '세계의 존재'는 타당성을 얻는다. 자아라는 사유의 구조가 모든 대상의 현상을 규정하는 것이다. 현상은 경험의 주관적 작용 자체에 포함되어 있기에 후설은 이 현상하는 세계를 넘어서 있는 그 무엇을 달리 설정하지는 않는다. 오히려 그는 현상하는 세계를 넘어서는 또 다른 무엇을 이야기하는 여타의 모든 철학을 거부하고 우리의 정신이 가지는 모든 편견들, 특히 자연과학의 전제들을 배제하고 과학 이전의 진정한 자아로 '환원(reduktion)'할 것을 요청한다. 환원한 세계가 바로 우리들의 일상적인 현실의 삶, '생활세계'라고 후설은 이야기하는 것이다. 현실의 생생한 삶의 전체성이 있고 이론이 있는 것이지 이론을 위해 우리가 살아가는 것은 아니라며 후설은 생활세계야말로 모든 학문의 정당성과 확증을 보증하는 토대라 주장한다.

후설의 현상학은 실존주의를 야기한 하이데거만이 아니라 해석학의 거두 가다머는 물론 프랑스의 레비나스 (Emmanuel Levinas, 1906~1979), 사르트르(Jean-Paul Sartre, 1905~1980)에게도 지대한 영향을 끼친다. 특히 메를로-퐁티(Maurice Merleau-Ponty, 1908~1961)는 후설의 현상학에 기초하여 자신만의 『지각의 현상학 *Phenomenology of Perception*』(1945)을 천착시켜나갈 만큼 후설의 현상학적 학문태도는 이후 서양 철학사유에 커다란 영향을 미친다. 그런 의미에서 현대의 모든 학문은 후설의 현상학의 토대 위에 있다 해도 과언이 아니다.

세계-내-존재로서

하이데거

후설의 현상학을 통해 주관과 객관을 넘어서 사태 자체를 직시할 수 있게 된 사람들은 이전에는 볼 수 없었던 새로운 사실을 목도하게 된다. 마르틴 하이데거(Martin Heidegger, 1889~1976)는 자신의 스승이었던 후설의 현상학을 누구보다도 빨리 자신의 학문에 적용시켜나간 사람이다. 그는 후설의 현상학적 방법과 생활세계에 대한 논의를 통해 인간을 세계-내-존재(in-der-welt-sein)로 규명함으로서, 구체적 인간 실존에 대해 이야기한다. 이는 이전과 달리 사람을 구체적 현실의 자리에서 새롭게 규명하는 일로 이후 '실존주의(existentialism)'를 낳는 계기가 되기도 한다.

독일 남서부의 슈바르츠발트(Schwarzwald) 지방의 메스키르히(Meβkirch)에서 성당지기의 아들로 태어난 하이데거는 17세에 프란츠 브렌타노의 『아리스토텔레스에 의한 존재의 다중적 의미에 관하여 *Von der Mannigfachen Bederutg des Seienden nach Aristoteles*』(1862)를 읽고 크게 감명을 받는다. 그 영향으로 평생 존재의 의미에 대해 연구하는 하이데거는 신부가 되기 위해 신학교에 입학하지만 건강상의 이유로 철학으로 전환한다.

이를 계기로 후설을 만나 그의 밑에서 연구보조원으로서 일을 하며 현상학을 접하게 된 하이데거는 현상학에 근거한 존재의 물음을 그 나름으로 물어나간다. 하이데거는 이를 『현상학의 근본문제들 *Die Grundprobleme der Phänomenologie*』(1898)이라는 책으로 출판한다. 이후 유명한 강사로 이름을 알리기 시작한 하이데거는 1922년 마르부르크 대학의 교수가 되어 그동안 연구해온 존재 물음을 책으로 엮어 1927년 출간하는데, 그것이 오늘에 그를 있게 한 『존재와 시간 *Sein und Zeit*』이다. 덕분에 1928년 프라이부르크 대학에 후설의 후임으로 가게 된 하이데거는 교수 취임연설이기도 한 『형이상학은 무엇인가? *Was ist Metaphysik?*』라는 책을 1929년에 펴낸다. 그리고 1934년에는 나치당원으로 프라이부르크 대학의 총장직[19]에 오르기도 한다. 허나 1년 뒤인 1934년 의견차이로 총장직을 퇴임함과 동시에 나치당을 탈퇴한 하이데거는 대부분의 시간을 슈바르츠발트 지방의 산장에 머물며 저술활동에 매진한다. 그리고 학자로서 학교를 정년퇴임하기 바로 전인 1951년에서야 주변의 도움으로 학교에 겨우 복직된 하이데거는 『철학의 종말과 사유의 과제 *Das Ende der Philosophie und die Aufgabe des Denkens*』(1969)라는 저술활동을 끝으로 학자로서의 삶을 접는다.

　하이데거는 누구보다도 후설에게 지대한 영향을 받았다. 그는 후설의 현상학으로 인하여 존재를 세계와 분리하는 이전의 방식을 버리고 대신 온전한 한 존재가 경험되는 현상에 주목한다. 그리고 이를 새로운 언어와 의미로 담아간다. 그것이 시간과 공간 안에 현상하는 '현존재(dasein)'이다. 하이데거는 현상을 실재와 현상이라는 전통적 방식이 아닌 존재가 자기를 스스로 드러내는 존재자(seinde)의 존재방식으로 달리 이해하며, 이 현상하는 현존재의 존재방식을 분석해 들어감으로써 존재 일반에 대한 연구를 진행해간다. 하이데거는 이를 존재에 대한 '기초존재론(die fundamentalontologie)'이라 한다.

---

19) 그는 이때 총장 연설로 '근로 봉사', '국방 봉사', '학문 봉사'라는 주제하에 취임연설을 한다. 그러나 의견차이로 인하여 하이데거는 곧 나치당을 탈퇴하고 슈바르츠발트 지방의 산장에 머물며 주로 저술활동에만 전력한다. 그가 사상적으로 전회를 하게 된 이 시점을 계기로 혹자들은 그의 사상을 전기와 후기로 나누기도 한다.

존재하는 것은 그냥 존재하는 것이 아니라 구체적인 시간과 공간 안에서 주변세계와 이런저런 관계하에 존재하는 것이다. 하이데거는 이를 가리켜 '세계-내-존재(in-welt-sein)'라 부른다. 세계-내-존재는 구체적인 현실 안에 어떤 한 점을 점유하면서 주변과 관계하며 살아가는 역사하는(gesichten) 존재자이다. 자신의 의지로 선택하지 않은 낯선 세계, 즉 내 몰려진 세계인 '피투된(geworfen)' 세계에서 존재자는 사물에 대한 '염려(besorgen)'와 다른 현존재를 '배려(fürsorge)'하며 자기로 있는 것이다.

일정한 시간과 공간을 살아가는 유한한 존재자는 알 수 없는 미래에 대해 '마음 씀(sorge)'을 하며 있다. 이를 가장 잘 드러내 보여주는 것이 죽음에 대한 염려이다. 그가 볼 때 우리는 모두 '죽음에로의 존재(sein zum tode)'이다. 그러나 사람은 염려만 하며 있는 것이 아니라 죽음을 미리 '선취(das angstbereite vorlaufen zum tode)'하여 이를 달리 이해하는 존재이기도 하다. 달리 이해함으로 삶을 의미롭게 만들어 가기도 하는 '기투하는(entwurfen)'하는 존재, 그것이 하이데거가 직시한 인간 실존(existenz)의 모습이다.

사람은 그런 의미에서 각자 자신이 처한 자리에서 세계를 나름대로 이해하며 지금 여기에 있는 존재로 현존

(anwesenheit)하는 것이다. 하이데거는 이를 "현존재는 자신의 세계를 건립하는(stiften) 방식으로 존재한다"고 이야기한다.[20] 이 세상에 존재하는 모든 존재자는 구체적 현실 안에서 이렇게 저렇게 각자 자기 나름으로 세계를 이해하며 존재하는 것이다. 하이데거는 이러한 존재자로부터 '존재의 역운(geschick des seins)'을 통해 존재가 자기를 '드러냄(erschlosenheit)'으로, 진리(aletheia)가 자기를 계시하는 '비은폐성(unverborgenheit)'으로, 그리고 존재가 자기를 드러내는 사건으로, 다시 말해 존재사(seinsgeschichte)인 '세계개시성(welterschlossenheit)'으로 사유의 전환을 시도한다.

하이데거의 이와 같은 사유의 전환은 존재상실의 시대에서 도구적 존재(zuhandensein)가 되어버린 사람들에게 '존재의 소리(grund stimmung)'에 다시 귀를 기울임으로써 인간 본래성으로 회귀하기를 간청하는 것이다. 이는 이성의 절대성에 의존하여 과학을 맹신함으로 겪어야만 했던 두 번에 걸친 세계대전을 계기로, 파국적인 20세기 정신사에 다시 존재로의 사색을 권면하는 것이다. 다시 말해 존재라는 인간의 고향에로 귀향하여 고향이 주는 근본 분위기

---

20) 『하이데거 전집 9권』 165쪽에 실려 있다.

(grundstimmung)를 통해 '고향상실(heimatlosigkeit)'의 문제를 해소해갈 것을 원하는 것이다.

하이데거는 헤겔의 이성의 절대적 관념론과 쇼펜하우어의 염세주의를 변증법적으로 종합, 새롭게 승화시켜 나감으로 할 수 있음과 할 수 없음 사이에서 삶의 의미를 찾아가려한 철학자라 하겠다. 하이데거는 무엇보다도 니체, 후설과 더불어 당시 사회가 무비판적으로 받아들이는 과학문명이 초래할 문제들에 대해 경고하기를 주저하지 않는다. 그리고 이로부터 일상적인 삶의 소박하고 풍요로움(das einfache des seltenen reichtums)이 주는 아름다움, 그리고 이를 늘 경이와 경탄(staumen)으로 마주할 수 있는 발견의 기술학을 사실적인 삶에 대한 해석학(hermeneutik der faktiziät)으로 시도해간다. 우리는 그의 이러한 시도를 『존재와 시간 Sein und Zeit』(1927)에서만이 아니라, 『기술과 전향 Die Technik und die Kehre』(1962), 그리고 『예술작품의 근원 Der Ursprung des Kunstwerkes』(1952), 『언어에의 도상 Unterwegs zur Sprache』(1960), 『숲길Holzwige』(1977)은 물론 그의 강연과 논문을 묶어 간행한 『논문과 강연 Vortäge und Aufsätze』(2000) 등 수많은 그의 저서와 논문에서도 잘 알 수 있다.

하이데거의 이와 같은 과학문명에 대한 비판적 태도는 니체에서 후설로 이어지는 사상적 흐름이기도 하지만, 또 다른 측면에서 보면 당시 현대 독일의 상황을 그대로 반영하는 것이기도 하다. 상대적으로 영국과 프랑스에 비해 산업화가 뒤쳐졌던 독일은 강하고 급격한 변화를 시도한다. 그러나 이러한 변화를 채 따라가지 못한 독일인들은 그동안 살아오던 전통적인 가치와 이상을 상실하게 될 것에 대한 불안과 위기의식 또한 팽배하였다. 변화에 대한 북부와 남부의 이견, 구교와 신교의 갈등, 관료적인 정부와 진보 사상가의 대립, 산업화의 결과로 인한 물질주의와 계층 간의 반목, 도시화와 빈민의 양산은 사람들의 바람처럼 자유와 평등과 풍요로운 유토피아가 아닌 군부독재, 나치즘을 초래하기에 이른다. 어떻게 보면 하이데거도 이로부터 자유롭지 못하다고 할 수 있다.

실존에 대한 물음으로

그들은 잃어버린 삶의 본질을 되찾기 위해서 정신적인 무엇이 필요했다. 하여 이들은 서구 문명에 정면으로 도전한 니체에 매료했고, 자연으로의 회귀에 이끌렸으며, 인간과 자연이 만들어 가는 조화로운 삶을 꿈꾸었다. 그들은 서구 문명의 인위적인 도덕률에서 벗어나 꿈이 있는 새로운 세계의 도래를 갈망했다. 이름 하여 영웅의 등장을 기다린 것이다. 그러나 그 영웅이 불행하게도 히틀러였던 것이다. 그리고 그로 인한 혹독한 대가를 치러야 했던 이들은 두 가지 사실, 즉 과학이 초래한 인간성 상실과 히틀러라는 전대미문의 독재자에 의한 전체주의 앞에서 정말 우리는 어떻게 존재하는가를 다시 묻지 않을 수 없었다. 이들은 시대적 상황 속에서 자신들이 처한 문제에 대해 누구보다도 철저히 자기존재 자리를 되묻는 것이다. 하이데거의 현존재 분석을 통한 존재에로의 귀환은 그러한 면에서 일군의 실존주의를 낳기에 이른다.

실존주의(existentialism)는 후설의 현상학적 방법으로 데카르트가 회의하며 스스로의 존재성을 사유했던 '나는 생각한다. 고로 존재한다'는 물음을 덴마크의 쇠렌 오뷔에 키에르케고르(SØren Aabye Kierkegaard, 1813~1855)가 실존의 물음으로 물어 나갔던 것을 '다시' 본격적으로 묻기 시작하는 데에서 출발한다. 이들은 하이데거의 현존재 분석에 기대어 소크라테스의 '너 자신을 알라'는 그 말의 의미를 처음부터 다시 천착한다. 그들이 한편으로는 종교성 속에서 실존의 물음을 물어 나갔다면, 다른 일군은 무신론적 입장에서 인간 실존에 대해 파고든다. 독일의 카를 야스퍼스(Karl Jaspers, 1883~1969)를 비롯하여 가브리엘 마르셀(Gabriel Marcel, 1889~1973), 카를 바르트(Karl Barth, 1886~1968), 에밀 브루너(Emil Brunner, 1889~1966), 마르틴 부버(Martin Buber, 1878~1965), 루돌프 불트만(Rudolf Bultmann, 1884~1976), 폴 틸리히(Paul Tillich, 1886~1965) 등이 종교적 차원에서 실존을 물어나간 이들이라면, 프랑스의 사르트르는 무신론적 입장에서 실존의 문제를 재론한 대표적인 사람이다.

프랑스의 저명한 집안에서 태어난 사르트르는 고등사범학교 재학 시절 베르그송의 『의식에 직접 주어진 것들에 대한 시론 *Essai sur les données immédiates de la conscience*』(1889)을 읽으며 철학의 길로 들어선다. 1934년에서 1935년 베를린의 프랑스 연구소에 있는 동안 후설의 현상학을 접한 사르트르는 1936년 이에 관해 쓴 『자아의 초월 *La Transcendance de L'Égo*』이라는 작품을 쓰며

사르트르

1936년에는 노벨상에 지목된 『구토 *Nausée*』를 집필한다. 또 제2차 대전에 레지스탕스로 참여하기도 한 사르트르는 포로생활 속에서 하이데거의 저서를 읽으며 그의 대표 저서인 『존재와 무 *L'Être et le Néant*』(1943)를 기획하기도 한다. 그 외에도 사르트르는 왕성한 창작열로 『실존주의는 휴머니즘이다 *L'Existentialisme est un Humanisme*』(1946), 『변증법적 이성비판 *Critique de la Raison Dialectique*』(1960), 『집안의 천치 *L'Idiot de la Famille*』(1970~1972) 등 30편이 넘은 많은 작품을 발표한 대표적인 실존주의 철학자이다.

행동하는 지성이기를 원했던 사르트르는 현실 참여적 삶을 살아왔지만 그 당시 다른 많은 사람들처럼 마르크스주의자는 아니었다. 그는 자유를 위해 이를 억압하는 모든 제도에 맞서고, 저항하는 실천적 활동가였다. 그는 당시 사회를 휩쓸고 있는 사회주의와 자본주의의 문제 사이에서 참다운 인간의 본성은 무엇인가를 고심한다. 그는 이전 사람들의 사고, 즉 인간은 선행하는 동일한 보편성에서 주어진 하나의 특수한 존재라는 의식에 반대하고 이를 전복시키고자 동일한 보편성에 근거를 주는 신의 존재를 부인하고 '실존이 본질보다 앞선다(l'existence précède l'essence)'고 외친다. 이는 우리는 무엇으로 태어나는 것이 아닌 주어진 상황 안에서 선택하며 스스로를 만들어가는 자유와 책임을 가진 존재라는 사실을 강조하기 위함이다. 그럴 때만이 인간은 존엄성을 가질 수 있다며 사르트르는 자유를 다름 아닌 '전율'로 이야기한다.

그에 의하면 사람은 그저 있는 즉자적 존재(l'en-soi)와 의식하는 주체인 대자적 존재(le pour-soi)로 나누어 볼 수 있는데, 의식적 주체는 자신은 물론 다른 사람과 세계와 관계 하에 행위하며 그에 대해 책임을 가지는 자유로운 존재인 반면, 그저 있는 즉자적 존재는 그렇지 못하다. 세계는 우리가 그것을 의식을 통해서 대상화할 때 비로소 의미 있는 세계로 실존한다. 그러한 면에서 세계는 의식대상의 통일체라 할 수 있다. 의식 활동이란 고심(anguish)하고 선택(le choix)하는 것이며, 삶이란 선택을 하면서 자신을 만들어가는 과정으로, 실존은 참된 본성을 지금 여기에 현존하게 하는 것, 자신만이 아니라 같이 하는 모든 것들에 대해 책임을 공감하면서 존재하는 것이다.

어떠한 실재도 행동 속에서만 존재할 수 있다. 그는 이를 영어의 알파벳에 근거하여 삶이란 B(Birth)와 D(Death)사이의 C(Choice)로 이야기하기도 한다. 사르트르는 인간이란 그런 행동들의 총체라 한다. 그렇지 않으면 늘 우리의 심장에 달라붙어 있는 무가 우리를 집어 삼킬 것이라며 사르트르는 행동하는 지성이 될것을 이야기한다. 사르트르의 이와같은 주장은 개인의 자유와 책임을 강조하려는 것이지만, 이는 또 다른 측면에서는 마르크스주의가 가지는 한계와 자본주의가 가지는 결함을 나름 극복해내고자 하는 시도임을 알 수 있다.

분석이 아닌 이해로

실존주의와 다른 관점에서 시대의 문제를 접근해간 사람들이 있다면 그들이 바로 해석학자들이다. 그들은 인간이성의 절대적 신뢰가 아닌 인간이성이 가지는 한계와 유한함을 인지하고 이에 근거한 세계 인식을 새롭게 표방하면서 분석이 아닌 '이해'의 학문인 해석학을 태동시킨다.

해석학(hermeneutics)이란 고대 그리스에서 신의 사자 헤르메스(Hermes)가 신의 언어를 해석해내는 이들을 hremenerten로 이름 하면서 이들의 해석의 기술을 hermeneia라 부른 데에서 유래한다. 따라서 초기의 해석학은 불분명한 말을 이해할 수 있는 언어로 해석해내는 특정한 기술을 지칭했다. 다시 말해 해석학은 신의 언어를 인간의 언어로 어떻게 이해하고 해석해갈 것인가 하는 성서해석의 문제에서 출발한다.

보편적인 성서 해석을 위해 출발된 해석의 문제를 일반 텍스트 해석으로 확대시켜 나간 사람이 독일의 슐라이어마허(Friedrich (Ernst Daniel) Schleiermacher, 1768~1834)이다. 그는 성서에 대한 보편해석의 기술을 일반 문헌을 위한 해석의 기술로 확장시키면서 '부분은 전체에 의해서, 전체는 부분에 의해서'라는 부분과 전체의 해석학적 순환방법을 제시한다. 즉 그는 보다 객관적이고 보편적인 해석을 위해 해석의 기술로서의 해석학적 순환방법을 논한다. 그의 이러한 시도는 당시 교리 중심의 종교에 대해 신앙에 의한 종교를 강조하고자 하는 의도에서 출발한다. 슐라이어마허는 종교는 앎의 문제가 아닌 신앙의 문제라며 종교성은 교리의 문제이기 전에 절대자에 대한 절대 의존의 감정에 기인한다고 한다. 다시 말해 종교는 이성에 의한 앎에서가 아니라 감성에 의한 이해의 문제라며 이해의 문제를 철학의 주제로 삼는 것이다.

딜타이

그러나 해석의 문제를 본격적으로 하나의 학문으로 정초시킨 사람은 다름 아닌 빌헬름 딜타이(Wilhelm Dilthey, 1833~1911)이다. 독일의 나소 비스바덴 근처 비브리히에서 태어난 딜타이는 인간 이성에 대한 자기반성을 통해 우리는 도대체 무엇을 알고 있는가 하는 물음과 함께 우리는 세계를 나름으로 이해하며 있을 뿐이라며 본격적으로 해석학을 정초시켜 나간다. 그는 1883년『정신과학입문*Einleitung in die Geisteswissenschaften*』에서 자연과학은 '설명(erklären)'하고 정신과학은 '이해(verstehen)'한다며 해석(auslegen)은 단지 성서나 고전문학과 같은 활자화된 문헌해석에 한정된 것이 아니라 삶의 전체 안에서 이루어진다며 '체험(erleben)'과 '표현(ausdruck)', 그리고 '이해의 연관(zusammenhang)'하에 해석학을 새롭게 정초시킨다. 그에 의하면 사회는 그 사회가 가지는 합목적성에 따라 그 나름으로 이해하고 해석하며 그 나름의 문화와 역사를 형성해가는 공동체로, 그 사회 안에 살아가는 개인 역시도 그 사회가 가지는 가치, 즉 합목적성에 따라 달리 이해하고 해석하며 있다고 하는 것이다.

가다머

이러한 주장에 근거하여 해석학을 철학의 정점에 우뚝 세운 사람이 한스 게오르크 가다머(Hans-Georg Gadamer, 1900~2002)이다. 그는 독일의 마부르크(Marburg)에서 태어났으나 지금은 폴란드 땅인 전쟁터 브레슬라우(Breslau)에서 대부분의 유년기와 청소년기를 보낸다. 그곳에서 혼란스런 시간을 보내고, 19세에 마부르크에 돌아온 가다머는 신학자 불트만(Rudolf Bultmann, 1884~1976), 그리고 신칸트학파인 하르트만(Nicolai Hartmann, 1884~1976)을 만나면서 신학과 고전문학, 철학에 관심을 갖게 된다. 그리고는 1922년 가다머는 나르톱(Paul Nartop)의 지도하에 『플라톤의 대화에 있어서의 기쁨의 본질 *Das Wesen der Lust in den Platonischen Dialogen*』이라는 제목의 논문으로 철학 박사학위를 받기에 이른다.

가다머에게 무엇보다도 중요한 사건은 하이데거와의 만남이다. 가다머는 하이데거를 통해 철학이 신칸트학파의 날카로운 논증이나 고전 연구 이상의 그 무엇이어야 함을 깨닫고, 하이데거 수하에서 다시 5년간 연구에 매진한다. 그리고 그의 지도하에 1929년 『플라톤의 변증법적 윤리학-필레보스에 대한 현상학적 해석 *Patos Dialektische Ethik-Phänomenologische Interpretationen zum Philebos*』이라는 논문으로 교수 자격을 시험을 통과한다. 이후 대학 철학 강사의 길로 접어든 가다머는 1937년 『헤겔과 역사 정신』이라는 취임 강연으로 라이프치히 대학의 교수가 된다. 전쟁이 끝난 1946년에는 라이프치히 대학의 총장이 되기도 하나[21] 3년 뒤인 1949년 야스퍼스(Karl Jaspers

1883~1969)의 후임으로 하이델베르크 대학으로 옮겨간다. 그곳에서 독일에서 가장 정평 나 있는 철학 잡지 『철학 전망 *Philosophische Rundschau*』을 1953년부터 다시 발간하면서 활발한 활동을 재개하는 가다머는 1960년 드디어 그의 처녀작이자 대표작인 『진리와 방법 *Wahrheit und Methode*』을 출판하기에 이른다.

가다머는 이 책에서 해석학의 철학적 근거를 새롭게 제시한다. 기존의 해석학이 보다 더 잘 이해하기 위한 방법론이었다면 가다머는 이해하며 해석하는 일 자체가 존재하는 일, 그 자체라는 '철학적 해석학'을 주창한다. 다시 말해 그는 해석학을 방법이 아닌 진리의 물음으로 전환시키며 진리는 실체적으로 실재하는 것이 아니라 늘 달리 이해하며 실현해나가는 '이해의 운동'이라 이야기한다. 그는 이를 위해 예술경험에서의 진리문제를 새롭게 제기하며 아직도 여전히 살아있는 정신과학 안에서의 '교양(bildung)'과 '공통 감각(sensis communis)', '판단력(urteilskraft)'과 '취미(geschmack)'를 통해 새로운 진리 개념을 개진해 간다. 그리고 칸트 미학의 주

---

21) 가다머는 총장 취임 연설에서 '사물에 대한 객관성', '자기 자신에 대한 정직성', '타자에 대한 관용성'을 이야기한다. 이는 '근로 봉사', '국방 봉사', '학문 봉사'를 이야기했던 하이데거와 종종 비교되며 독일의 양심 있는 지성인의 표본으로 이야기되기도 한다.

관화를 넘어 예술 작품의 존재론으로서 '놀이(spiel)'의 개념을 천착하면서 해석학적 진리 개념을 새롭게 제시한다.

가다머는 계몽주의 해석학과 낭만주의 해석학의 차이를 역사학파의 문제와 연결해 논증하며 이들과 다른 새로운 인식론, 즉 현상학에 근거한 이해의 해석학을 주창한다. 가다머는 계몽주의가 불식시키고자 했던 '선입견'을 역사성의 차원에서 해석학의 이해의 선구조로 되살려내며, '권위(autorität)'와 '전승(überlerferung)' 그리고 '영향작용사(wirkungsgesichte)'를 '해석학적 경험(die hermeneutischen erfahrung)'의 원리로 고양시켜 간다. 그리고 시간 간격을 극복하는 해석학적 현실성의 문제를 '적용(anwendung)'의 문제로 새롭게 조망하면서 반성철학의 한계를 넘어선다.

그는 앞서 주어져 있는 선입견을 배제하기보다는 오히려 그와 더불어 마주하는 현실과 하나로 '지평융합(horizontverschmelzung)'하며 새로움을 만들며 나오는 것이다. 가다머는 이 지평 융합의 이해의 운동을 해석으로, 적용으로 재론한다. 가다머 철학의 특징이 바로 여기에 있다. 그에게서 '이해란 이미 적용(verstehen ist hier immer schon anwenden)'이며, 적용은 해석인 것이다. 적용이란 아는 것을 차후에 실천하는 것이 아니라, 이해하며 적용하며 존재하는 일이 하나로 있는 것이다. 다시 말해 이해와 적용은 동시적인 것으로, 이해의 구체적 실현이 바로 적용인 것이다.

가다머는 이를 다시 언어로 해명해가는데, 해석학의 경험은 다름아닌 언어를 매개로 하기 때문이라는 해석학에서 언어란 세계 경험으로서의 언어이다. 언어는 사실을 언명하는 것 이전에 말하는 사람의 세계관을 드러내는 하나의 해석이자 말하는 자의 존재론적 지평을 열어주는 것으로, 언어는 언제나 해석이며 존재의 자리이다. 그에게 있어 언어는 지시나 표현이기 전에 드러내는 존재자리이며, 이전과 이후를 달리하는 생성의 운동으로 언어는 존재하는 힘이 된다.

이와 같이 가다머는 예술의 경험을 통해, 낭만주의적 전통을 통해, 존재론적 지평으로서의 언어를 통해, 자연과학에 의해 전도된 진리 개념을 제자리로 돌려놓고자 한다. 그가 볼 때 자연과학의 진리란 삶의 전체성을 편리에 따라 그리고 목적에 따라 단순화하고 체계화하며 이론화해간 하나의 방법일 뿐, 그것이 우리의 삶 전체를 해명해주는 진리가 아님을 분명히 한다. 이를 위해 가다머는 근대 과학기술이 토대로 삼고 있는 계몽주의 철학자들이 갖는 사유의 문제점을 파헤치고 고대의 사유 안으로 깊숙이 들어가 진리의 본래적 의미가 무엇인지를 밝힌다. 그리고 이를 이해의 운동으로 이야기한다. 이해란 무엇을 알고 모르고 하는 차원이 아니라, 이해는 곧 해석이며 하나로 적용하며 있는 것으로 존재하는 일이다. 이해하는 만큼 나는 나로 존재하는 것, 그것이 가다머가 말하고자 하는 철학적 해석학이다.

근대 이후 촉발된 과학기술 문명은 편리함과 미래에 대한 환상을 심어주지만 거기에는 반드시 대가가 따른다는 사실을 깨달은 가다머는 과학기술이 표방하는 진리 개념이 아닌, 예술 경험으로부터 진리를 새롭게 구한다. 가다머의 이와 같은 철학적 태도는 근대의 계몽주의가 지닌 한계를 예리하게 지적하며 독일 낭만주의 전통으로의 전환을 꾀하는 것일 뿐만 아니라, 방법론으로부터 존재론으로의 해석학의 이행을 시도하는 것이다. 그래서 가다머는 슐라이어마허(Friedrich Schleiermacher, 1768~1834)의 이해의 기술론이나 딜타이의 정신과학의 방법론으로서의 해석학이 아닌, 하이데거의 현상학적 해석학에 의거한 새로운 존재론적 해석학을 주장하는 것이다.

이처럼 가다머가 해석학의 문제를 존재론으로 고양시켜나

가며 해석학을 자연과학의 방법론이 아닌 정신과학의 진리의 물음으로 새롭게 개진하는 것은 자연과학기술 문명에 대한 환상이 여지없이 무너지는 경험을 한 탓이라 할 수 있다. 때문에 그는 자연과학의 문제점을 극복하기 위해 자연과학이 기초하고 있는 계몽주의가 아닌, 인간 사유의 또 다른 위대한 전통인 독일 낭만주의 전통에서 철학적 해석학을 새롭게 기획해나간다. 이는 『진리와 방법』에서만이 아니라 1980년에 출판된 『대화와 변증법 Dialog und Dialiktik』 그리고 1982년에 출판된 『과학 시대의 이성 Vernunft im Zeitalter der Wissnschaft』에서도 여실히 드러난다. 『대화와 변증법』에는 근대에 축소되고 왜곡된 이성의 작용을 고대의 플라톤, 소크라테스에게까지 소급해 이성의 본래적 의미를 되살려내려는 그의 의도가 충실히 반영되어 있으며, 『과학 시대의 이성』에서도 가다머는 근대 과학기술의 발전에 토대를 제공한 도구적 이성의 문제를 심도 있게 다루고 있다.

가다머는 '과학기술 시대의 철학함'의 문제를 과학과 철학의 관계에서 과연 이성은 어떻게 작동되는가를 고찰한다. 가다머는 데카르트 이래로 정신과 물질이 분리되면서 윤리적 책임으로부터 자유로워진 물질로 인하여 자연과학은 기술을 발달시켜왔으나, 이때 이성은 물질로부터 스스로 소외된

협소화된 도구적 이성으로 전락하게 되고, 그 결과 오늘날의 많은 문제들, 즉 환경오염, 인간성 상실, 비인간적인 삶 등의 문제들이 초래되었다고 비판한다. 다시 말해 가다머는 근대 이성의 자기 소외가 바로 철학함의 부재를 가져왔으며, 철학함의 부재가 결국 인문학의 위기를 초래하고 인간 삶의 총체적 위기를 가져왔다고 하는 것이다.

때문에 가다머는 하이데거를 지렛대로 삼아, 근대 과학기술 문명의 토대를 제공한 헤겔, 칸트, 데카르트를 비판하면서 중세의 신비주의를 지나 고대의 플라톤까지 거슬러 올라가는 비판의 여정을 통해 철학함의 문제를 다시 고찰한다. 그리고 그는 이성의 본래적 의미가 무엇인지를 밝히며 다시 고대로부터 현재로의 이행을 강행한다. 그는 오늘날의 방법과 이론으로 대치되어버린 실증과학과 같이 강단 안에 갇힌 개별 학문으로서의 철학함이 아니라, 현재 나의 삶과 하나된 철학함의 의미를 고대의 인문학적 전통이 살아 있는 길을 따라 현재에 이르기까지 규명하며 나온다. 바로 이것이 인간 이성의 본래적 의미를 되찾는 일이라 여기는 가다머는 이를 방법이 아닌 진리를, 실재성이 아닌 '이해의 운동'으로 구하는 것이다.

가다머의 해석학은 도대체 진리란 무엇인가를 물을 수밖에 없었던 당시 독일의 혼란한 정세와 무관하지 않다. 자신이 처한 어려운 삶의 한가운데에서 도대체 무엇을 어떻게 해야 하는가를 묻지 않을 수 없었던 가다머는 모든 것을 하나로 융합하며 그 안에서 가장 적합함(gemessenheit)이 무엇인가를 구하는 것을 그의 철학으로, 철학함으로, 실천철학으로, 그리고 존재론적 해석학으로 규명해갔던 것이다.

실체적 실재론적 형이상학을 폐기하려는 니체, 그리고 후설과 하이데거에 이르는 사유의 연장선상에 있는 가다머의 해석학은 이해가 다른 만큼 존재의 다름이 있다. 이는 근대 이성이 동일성의 논리에 따라 단순 비교 내지는 우열을 가리는 것을 지양하고 존재의 차이와 다름을 인정하는 다양성의 세계를 열어간다. 가다머의 이러한 사상은 교육, 신학, 사회 문화, 정치경제 등에서도 반목하거나 분쟁하거나 투쟁하기보다는 상호 영향을 주고받는 이해의 상호 관계로 전환할 수 있는 길을 다각적으로 열어 보이며 이후 다름을 보려는 현대철학자들에게 지대한 영향을 미친다. 그의 이러한 사상은 1985년부터 10년에 걸쳐 가다머 스스로가 선정 출간한 가다머 선집 10권에(Hams-Georg Gadamer Gesammlte Werke J.C.B. Mohr Tübingen) 수록되어 있다.

사회비판으로

2차에 걸쳐 일어난 세계대전으로 인하여 가해자가 되었던 피해자가 되었든 자신이 속한 사회로부터 결코 자유로울 수 없었던 사람들은 자연스레 개인적 성찰을 넘어 사회로 관심을 기울인다. 특히 독일인으로서 독일사회에서 벌어진 사태에 대해 무심할 수 없었던 사람들은 전후 자신들의 연장에서 사회에 대해 고심하지 않을 수 없었다. 그들은 철학의 역할을 비판으로 이야기한 칸트의 말을 다시 상기하며 개인이 아닌 사회를 대상으로 한 비판철학을 전개해 나간다. 그들이 바로 독일의 북부도시 프랑크푸르트에 있는 프랑크푸르트 대학의 사회학 연구소를 중심으로 활동하던 '프랑크푸르트학파'이다.

아도르노

나치를 피해 외국에 망명하였던 많은 지성들이 전후 프랑크푸르트로 몰려들었다. 이곳은 라인 강의 물길과 연결되어 있어 교역은 물론 산업증진을 위하여 외국의 노동자와 젊은이들이 많이 거주하였기에 다른 어떤 도시보다 비교적 개방적이고 자유로웠다. 그들 중에 한 사람이 호르크하이머(Max Horkheimer, 1895~1973)와 함께 프랑크푸르트 대학의 사회학 연구소 소장을 맡은 테오도어 비젠그룬트 아도르노(Theodor Wiesengrund Adorno, 1903~1969)이다.

프랑크푸르트학파 제1세대 주자라 할 수 있는 아도르노는 유복한 가정에서 태어났다. 특히 성악가 엄마와 피아니스트인 이모의 영향으로 음악에 남다른 애정과 열정을 가졌던 그는 음악과 철학 사이에서 진로에 대해 고심했을 정도로 두 영역에서 뛰어난 역량을 가졌던 행복한 철학자이기도 하다. 1924년 한스 코르넬리우스의 지도하에 『후설의 현상학에 있어 사물적인 것과 노에마적인 것의 초월성 Die Transzendenz des Dinglichen und Noematischen in Husserls Phänomenologie』으로 철학 박사학위를 받았지만 음악에의 열정을 포기할 수 없었던 아도르노는 본격적으로 음악을 공부하기 위해 빈으로 이주한다. 그러나 1927년 다시 프랑크푸르트로 돌아온 그는 『초월적 정신론에 있어서의 무의식의 개념 Der Begriff des UnbewuBten in der Transyendentalen Seelenlehre』이라는 제목으로 교수자격 논문을 쓰나 이를 회수하고, 1931년 다시 파울 틸리히 밑에서 『키에르케고르에 있어서의 미적인 것의 구성 *Die Konstruktion des Ästhetischen bei Kierkegaard*』이라는 논문으로 프랑크푸르트 대학에서 교수자격을 획득한다. 이후 『철학의 현실성 *Die Aktualität der Philosophie*』이란 제하의 교수 취임 강연을 하고 사회 연구소(Institut für Sozialforschung)의 기관지 『사회 연구 *Zeitschrift für Sozialforschung*』 발간에 참여하기도 한다.

그러나 나치의 핍박을 피해 영국의 옥스퍼드 대학으로 거취를 옮긴 아도르노는 1938년에는 다시 뉴욕으로 이주하면서 프린스턴 라디오 리서치 프로젝트의 음악 부분에 참여하기도 한다. 이후 로스앤젤레스의 정착한 아도르노는 그곳에서 호르크하이머와 공동으로 『계몽의 변증법 *Dialektik der Aufklärung*』을 집필하면서 인생에서 가장 생산적인 시기를 보낸다. 이때 쓴 작품이 『미니마 모랄리아 *Minima Moralia*』와 『신음악의 철학 *Philosophie der Neuen Musik*』이 있다. 뿐만 아니라 1944년에는 반유대주의의 문제를 연구하는 버클리 프로젝트에 참여하여 『권위주의적 성격 *The Authoritarian Personality*』이라는 결과물을 낳기도 한다.

1949년 다시 프랑크푸르트로 돌아온 아도르노는 프랑크푸르트 대학의 철학과 사회학 교수로 부임한 이래로 1953년 호르크하이머와 공동으로 사회연구소의 소장이 되었다가 1958년 이후에는 단독으로 소장직을 수행한다. 1954년에는 음악에 대한 공로로 쇤베르크 메달을 수상하고, 1959년에는 독일문학 비평가 상을, 1960년에는 말러 100주년 추모 강연을 할 만큼 철학자로서만이 아니라 음악과 문학 비평 등 다방면에 활발한 활동을 한다. 뿐만 아니라 아도르노는 1961년에는 포퍼와 실증주의 논쟁을 벌임으로 20세기 지성사에 큰 획을 그으며, 1963년에는 독일 사회학회장으로 선출되고, 1968년에는 괴테상을 받기도 한다. 그러나 66세가 되던 1969년 과열된 사회주의 학생운동의 혼란 속에서 아도르노는 심장마비를 일으켜 사망하고 만다.

그의 사상은 대표저서라 할 수 있는 세 저서, 즉 『계몽의 변증법』과 『부정의 변증법 Negative Dialektik』(1966), 그리고 『미학 이론 Ästhetische Theorie』(1970)에 아주 잘 나타나고 있다. 『계몽의 변증법』이 당시 사회문제를 역사철학적으로 고찰했다면, 『부정의 변증법』에서는 이를 철학적으로 다시 논의를 하며, 『미학 이론』에서는 이에 대한 해결책을 나름으로 모색해보고자 한다.

예술사 차원에서 이처럼 아도르노는 일관된 사유의 여정 속에서 당시 사회를 지배하고 있는 자본주의사회에 대한 비판을 시행한다. 그에 의하면 사회에는 사회를 지배하는 하나의 원리가 있는데 그것이 바로 '동일성의 원리(das prinzip der identität)'라 한다. 이 동일성의 원리에 의해 지배되는 사회에 대한 비판과 극복을 시도하는 아도르노는 먼저 독일의 나치즘의 출현을 역사의 구조적인 문제와 연결하여 그것이 어떻게 출현, 지배하는가를 역사 철학적으로 고찰한다. 그리고 이를 '세계사의 철학적 구성(eine philosophische konstruktion der weltgeschichte)'을 통해서 역사의 발전과정의 필연적 결과로 설명해간다.

그에 따르면 모든 생명체는 기본적으로 자기보존(selbsterhaltung)을 위해 존재한다. 그런데 인간은 자연에 대해서 '과민하게 신화적 불안(radikal gewordene mythische angst)'을 느끼며 그로 말미암아 자연을 지배 정복의 대상으로 여긴다. 때문에 초래된 인간과 자연의 적대적 분리는 자연 지배를 위한 인간 사회집단의 형태라는 모습으로 나타난다. 자연 지배를 위해 구조된 사회는 다시 이를 재생산하는 노동과 소비, 분배에 따른 2차적 형식의 사회 지배를 파생시키며 인간에 의한 인간의 지배를 가져온다. 자연으로부터의 맹목적인 해방을 추구했던 자연지배는 결국 인간내부에 있는 자연, 즉 인간성까지도 훼손시키며 인간을 지배하는 억압의 도구로 바뀌고 만다. 이는 사람마다 가지고 있는 욕구와 감정을 지우고 통제하기 쉬운 하나의 동일한 인간으로 획일화시켜버린다. 그리고 이는 또한 점점 사람들의 내면으로 이행되면서 스스로를 통제하는 내면화의 과정을 밟는다. 자기보존을 위한 행위는 결국 자기훼손이라는 자기배반(selbstpreisgabe), 자기폭력이 되고 마는 것이다. 아도르노는 이를 현대문명의 근본적인 위기로 파악하며 자기부정과 단념을 통해서만 자기를 보존할 수 있었던 오디세우스를 그 예로 들어 설명한다. 아도르노는 인간의 역사와 진보란 결국 인간의 자기부정과 기형의 진보 외에 다른 것이 아님을 밝히는 것이다.

그는 인간이 무엇을 인식하고, 지각하고, 파악하고, 이해하고 표현하는 모든 것은 타자의 고유성을 보편성으로 편입시키는 행위로서 그것을 지배하고 찬탈하려는 목적이 내재되어 있다고 한다. 그에 의하면 인식한다는 것은 결국 권력의 문제(macht und erkenntnis ist synonym)이고, 사고는 지배의 기관(organon der herrschaft)이며, 개념은 지배를 위한 관념적 도구(ein ideelles werkzeug)라는 것이다. 그리고 이는 사회를 지배해가는 다양한 이데올로기의 원형이라고 아도르노는 말한다. 이러한 정신적 반성형식하에 같음을 추구하는 동일성의 논리는 사회 모든 곳에 교환의 전 형식(vorformung)을 이룬다. 특히 유물론적 시장과 화폐경제하에서 자본주의는 철저히 상품 교환을 위한 수단과 방법으로 동일성의 논리를 차용하는 것이다.

특히 자본주의는 자연만이 아니라 모든 사회적 생산관계를 지배하고 사람의 의식조차도 지배해 나가기 위해 '문화산업'의 옷을 입는다. 문화산업은 자기 계몽이 아닌 사람들을 위장된 이미지와 이데올로기로 내면화시키며 소비와 환락의 주체로 삼아간다. 사람은 자신의 정체성을 형성해가는 힘 있는 주체가 아닌 단지 '보편의 교차점(bolbe verkehrsknotenpunkte des allgemeinen)'으로 조정되고 조작되며 전략되는 것이다. 아도르노는 자본주의가 가지는 지배구조와 이에 따르는 사회지배의 문제를 '의식의 물화'와 이를 가능하게 하는 메커니즘으로서의 '동일성의 논리', 그리고 이로 인해서 파생되는 '개인의 사라짐'에 대해 이야기하며 이를 극복하기 위한 초월적 반성에 의한 예술과 비판철학을 제기한다.

하버마스

아도르노의 사회비판철학을 이으며 제2세대 사회비판철학자로 등장하는 이가 위르겐 하버마스 (Jürgen Habermas, 1929~)이다. 독일 노르트라인베스트팔렌 주 뒤셀도르프에서 태어난 하버마스는 나치의 파시즘이 한참인 시절, 이를 지켜보았던 경험에서 우러나온 사회 정치적 비판 정신에 따라 하이데거 철학을 비판하며 1956년 아도르노의 조교가 된다. 그리고 1964년 아도르노를 이어서 제2대 프랑크푸르트 사회연구소의 소장으로 2세대 리더가 되어 사회비판철학을 이끌어 간다.

1961년 『학생과 정치』를 출간하고 가다머의 추천으로 하이델베르크 대학교의 철학 교수가 된 그는 1962년 『공론영역의 구조변화』를 통해서 경험적 연구와 이론적 탐구의 통합을 시도한다. 그리고 1963~1964년 실증주의 논쟁에 참여하는 하버마스는 실증주의적 태도에서가 아니라 변증법과 비판철학, 그리고 해석학을 접목시킨 새로운 사회비판 이론을 제시하면서 그만의 독특한 사회비판 이론 철학, 즉 인간해방을 추구하는 비판적 사회 이론을 확립해

나간다. 그것이 그의 대표저서라 할 수 있는 『이론과 실천 *Theorie und Praxis*』(1963), 『인식과 관심 *Erkenntnis und Interesse*』(1968), 그리고 『의사소통행위 이론 1, 2 *Theories des Kommunikativen Handelns*』(1981, 1987)이다.

『인식과 관심』에서 하버마스는 인간이 가지는 관심을 '기술적 인식관심', '실천적 인식관심', '해방적 인식관심'으로 나누며 건강한 사회를 위해서는 이데올로기 비판을 통해 해방적 관심으로 나아가야 하는 바, 이를 위해 비판적 사회과학이 요구된다는 주장을 피력한다. 그의 이론과 실천의 관계에 대한 이론사적 연구는 그대로 『인식과 관심』으로 이어지면서 모든 사회적 억압과 지배에서 해방되기 위해 노동과 언어, 그리고 권력이 어떻게 자연과 역사, 그리고 사회비판과 관련이 있는지를 그는 여실히 규명해간다. 그리고 이를 위해 실증주의가 놓치고 있는 자기반성과 비판정신을 통해 인간해방의 가능성을 논하는 하버마스는 언어를 사용하는 인간의 대화에 기초한 민주적 법치국가를 위한 '절차적 민주주의 이론'을 제공하는 『의사소통 이론』을 연이어 발표한다. 그는 여기에서 합리성 이론에 대한 근거와 이해 지향적 행위의 유용성, 그리고 사회합리화 과정의 변증법에 대해 논하며 행위 이론과 체계 이

호네트

론을 포괄하는 새로운 사회 이론을 정립한다. 이처럼 하버마스는 의사 소통을 통한 공론화와 일상적 생활 세계에서의 실천을 중시하며 정치 적 활성화를 통해 절차적 민주주의 의 발전을 도모코자 한다.

이에 반하여 하버마스의 후임으 로 3세대 프랑크푸르트학파를 이 끌고 있는 악셀 호네트(Axel Honneth, 1949~)는 당시 사회를 휩쓸던 이데올로기 갈등에서 벗어나 마르크스의 사상을 새 롭게 재구성함으로 행위를 통한 실천의 역사 구성적 의미를 밝히고자 한다. 이를 위해 그는 인간이 자신의 삶을 잘 실현 해갈 수 있는 규범적 사회적 조건에 대해 물으며 인간과 자 연, 사람과 사람과의 관계를 다른 무엇이 아닌 '인간화'에서 찾는다.

1992년 발표한 그의 주저 『인정투쟁 *Kampf um Anerkennung*』은 바로 이러한 그의 사상이 담겨져 있다. 이 책의 부제로 붙여진 '사회적 갈등의 도덕적 형식론'이라 는 이름에서도 알 수 있듯이 그는 사람이 살아가는 데 중 요한 요건은 그 무엇보다도 사랑(liebe)과 권리(recht), 연대(solidarität) 위에서 상호인정 하는 관계에서 사람은 자신만이 아니라 공동체원으로서 정체성도 형성해간다고 여긴다. 그렇지 않을 경우 사람은 '무시(ignorieren)'와 '불의(unrecht)'라는 '도덕적 훼손(moralische verlezung)'을 입기 마련이라며 호네트는 '인정'이야말로 사람을 살아가게 하는 사회적 조건이자 자신에 대한 긍정적 의식을 갖게 하는 심리적 조건이라 말한다. 사회투쟁은 다름 아닌 이런 상호인정이라는 상호 주관적 상태에 근거하여 일어나는 것으로, 그는 서로 훼손 없는 상호주관성(unversehrte Intersubjektivität)을 구축하고자 하는 데 심혈을 기울인다.

그의 이러한 주장은 주격 나(I)와 목적격 나(me)와의 관계를 통해 개인의 정체성 형성과정을 연구한 미국의 사회심리학자 미드(George Herbert Mead, 1863~1931)의 연구토대 위에서 사회비판 이론으로 새롭게 해석해간 것이라 할 수 있다. 그의 이러한 시도는 당시 독일이 처한 문제를 사태 자체로 보려는 노력의 일환이며, 그리고 자신을 세계내 존재라는 관계성 안에서 새롭게 정립하려는 노력이다. 악셀 호네트는 세계를 분석이 아닌 이해에 의해 달리 보는 것이라는 사실을 깨닫고 이를 해소해가고자 하는 노력과 더불어, 건강한 삶과 사회를 위한 사회비판의식의 필요성을 도덕적인 문제 속에서 찾고자 하는 것이다. 그의 이러한 시도는 다양한 병리현상도 근원적으로는 도덕적인 문제라는 사실을 강조하는 것이다.

  호네트의 이러한 시도는 다른 측면에서 보자면 프랑스의 레비나스에 의해서 먼저 이루어졌다고 할 수 있다. 레비나스는 사람들이 오랫동안 잊고 있던 '윤리'의 문제를 철학의 주제로 다시 재론한다.

타자에 대한 윤리로

　근대가 파생한 문제를 비판하며 변화를 시도하려는 현대
인들의 노력은 지역마다 그리고 경험에 따라 각기 다르게 전
개된다. 독일 지성이 과학의 발달과 그로 인해 초래되는 인
간성 상실에 대한 내적 성찰에 주력하면서 이와 관련하여 사
회비판 이론을 제기했다면, 프랑스에서는 사회 구조적인 면
과 함께 구체적 행위에 대한 강조가 주로 이루어진다.

레비나스

　디아스포라 유대인이었던 리
투아니아 출신의 프랑스 철학
자 레비나스(Emmanuel Levinas,
1905~1995)는 자신이 겪은 시대의
혼란한 상황과 경험을 토대로 하
여 전체성을 비판하며 타자에 대한
'무한 윤리'를 주창한다. 윤리를 '제
1철학'으로 삼아 철학을 전개하는
레비나스는 결코 독일인과 같을 수는 없는 그의 개인적 경
험과 역사, 그리고 프랑스의 지적토양 위에서 자신의 철학을
전개하고 있다고 하겠다.

지금은 러시아로 합병된 동유럽의 조그마한 나라, 리투아니아의 카우나스에서 유대인 가정의 맏아들로 태어난 레비나스는 23세 되던 해 프랑스로 가 스트라스부르 대학에 입학, 철학을 공부하기 시작한다. 그리고 1928에는 독일 프라이부르크 대학으로 가서 후설과 하이데거를 공부하고, 1930년에 다시 파리로 다시 돌아와 스트라스부르 대학에서 『후설 현상학의 직관 이론 *Théorie de l'intuition dans la Phénoménologie de Husserl*』이라는 제목의 논문으로 철학 박사학위를 받는다.

　이후 독일 현상학을 프랑스에 소개하기 시작하면서 세상에 널리 이름을 알리기 시작한 레비나스는 사르트르와 메를로-퐁티 등을 비롯한 수많은 프랑스 현대철학자들에게 커다란 반향을 불러일으킨다. 이후 파리의 동방 이스라엘 사범학교의 교장과 장발의 철학학교를 거쳐 1961년 푸아티에 대학의 교수가 된 레비나스는 1967년 낭테르의 파리 10대학을 거쳐 1973년에는 소르본 대학의 교수가 된다. 그리고 6년 뒤 모든 공직에서 퇴임하고는 저술 활동에만 전념하던 레비나스는 1995년 89세의 나이로 세상을 떠난다.

레비나스의 다양한 삶의 여정은 고스란히 그의 철학 안에 살아 있다. 즉, 그의 철학 안에는 유대인의 전통과 성서의 가르침, 그리고 러시아의 대문호들의 문학작품들로부터 풍요롭고 자유로운 상상력, 후설과 하이데거등과 같은 독일 및 유럽철학의 깊은 사유, 그리고 마르크스와 프랑스의 베르그송(Henri-Louis Bergson, 1859~1941)과 같은 열정적이고 행동하는 프랑스 지성에 대한 열망이 하나로 녹아 있다. 때문에 우리는 그를 '네 문화의 철학자'라 부르기도 한다.

　　하지만 그의 철학에 결정적 영향을 끼친 것은 무엇보다도 제2차 세계대전에서의 경험이라 하겠다. 제2차 세계대전 시 연합군의 통역장교로 참전하게 된 레비나스는 독일군에 포로가 되어 겪은 전쟁의 참상과 죽음과의 대면을 통해 인간에게 가해지는 외부로부터의 폭력성이 도대체 어디에서 유래되는가를 주의 깊게 살핀다. 그리고 여기에는 오랫동안 이어져 내려오는 서양의 전통 사유가 깊이 연루되어 있음을 깨닫고 서양 사유 안에 잠재된 폭력성의 근거로서 존재 문제를 심도 있게 파고든다. 그리고 이로부터 '존재(être)'가 아닌 '존재자(l'étant)'의 철학을 새롭게 주창한다. 그의 사상은 그가 수용소 안에서 썼다고 알려진 『존재에서 존재자로 De l'Existénce à l'Existant』(1947)에서는 물론 그를 세

상에 알린,『전체성과 무한 *Totalité et Infini, Essai sur l'*
Extériorité』(1961), 그리고 그의 대표적 저서라 할 수 있는
『존재와 달리, 본질을 넘어 *Autrement qu'Être, où au-*
delà de l'Essence』(1974)와『시간과 타자 *Le Temps et l'*
Autre』(1979)에 이르기까지 일관되게 이어지고 있다.

　나치의 경험을 통해 그렇게 많은 사람이 아무런 잘못도
없이 자기 의지에 반하여 일방적으로 죽음을 당해야 했던 현
실에 무심할 수 없었던 레비나스는 도대체 어떻게 그런 일이
가능한가 하는 물음에서부터 철학을 시작한다. 더욱이 사랑
의 종교라고 자칭하는 기독교가 약 2,000년 가까이 지배해
온 사회에서 어떻게 그렇게 많은 사람들이 단지 다르다는 사
실 하나 때문에 죽어가야 했는지, 그리고도 과연 우리가 이
성적인 사람이라고 말할 수 있는지를 레비나스는 묻지 않을
수 없었던 것이다. 뿐만 아니라 이러한 엄청난 사태에 대해
아무도 책임을 지지 않는, 그래서 아무에게도 책임을 물을
수 없는, 이 무감각하고 무기력한 현실을 통탄하면서 레비나
스는 그 원인을 찾아 서양 사유 안으로 깊이 침잠해 들어간
다. 그리고 바로 거기에서부터 그는 윤리의 문제를 새롭게
개진해나간다.

레비나스가 가장 먼저 문제 삼는 것은 주-객을 분리하고 주체에 의해 객체를 대상화하는 주체중심의 사유이다. 레비나스는 서구의 근대 주체중심 사유가 어떻게 폭력을 재생산, 확대해 가는지를 아주 치밀하게 추적해간다. 그에 따르면 특정한 주체중심의 사유는 대상을 일방적으로 수단과 방법으로 전략시키는 과정에 억압이라는 폭력성이 개입되는 바, 이로 인해 폭력 그 자체가 중요한 수단으로 작동하면서 더욱 거대한 폭력으로 확대, 재생산된다고 한다. 그리하여 사람들은 이 거대한 힘 앞에 막연한 두려움을 가지고 마치 폭력이 실제로 존재하는 것처럼 그것에 의존하고 종사하기까지 한다며, 자기중심적 사유가 어떻게 집단화, 세력화, 전체화되면서 폭력을 낳는지 레비나스는 예리하게 지적한다.

그는 폭력이 극대화되면서 자기 안에 원인과 목적을 갖지 못한 사람들이 자신의 행위에 책임을 지지 못하고 다른 곳으로 책임을 유기하는 기형적 주체가 작금의 사태를 초래하였다고 보고, 여기에는 그동안 서양철학이 구체적인 존재자가 아닌 막연한 존재를 우선시한 결과, 사람들이 책임 있는 주체로 살지 못하고 남에 부려지는 삶을 살아온 데 근원적인 이유가 있다고 피력한다. 다시 말해 서구의 사유가 존재하지 않는 것을 마치 존재하는 것처럼 오도함으로써 실제로 존재하는 존재자가 오히려 소외되어 책임 있는 주체로 살지 못한 까닭이라고 레비나스는 보는 것이다. 실제로 존재하지 않는 존재는 책임을 질 수 없다며 사람들은 자신이 누려야 할 권리인 자유를 방기하고 무책임한 삶으로 일관해왔다는 것이 그의 생각이다.

레비나스는 하이데거의 철학도 이와 크게 다르지 않다고 생각한다. 물론 하이데거가 전통철학에서 말하는 실재성(realität)으로서의 신을 폐기하고 모든 존재자를 존재하게 하는 존재성으로서의 존재를 새롭게 주창하며 존재를 세계-내-존재, 즉 시간 안에 살아가는 현-존재(da-sein)로 기술하지만 이는 현 존재의 '존재' 다시 말해 존재자의 '존재'를 이야기하는 것일 뿐, 지금 여기를 살아가는 '존재자'를 위한 철학은 아니라 하는 것이다. 레비나스는 존재한다는 것은 구체적으로 몸을 입고 존재하여야 하는 바, 존재하는 것은 존재가 아닌 존재자라 하는 것이라 한다. 그런 의미에서 하이데거의 존재도 엄밀히 말하면 '그저 있음(il y a)'에 지나지 않는다며 존재가 아닌 존재자의 철학을 레비나스는 새롭게 주창한다.

그는 이를 위해 후설의 현상학적 방법을 통해 존재의 현

사실성을 존재가 아닌 존재자로 규정짓고, 하이데거가 존재를 형이상학적 실체가 아닌 세계-내-존재로서 규정하면서 시간이라는 상황 안에 침투해 들어와 있는 존재자를 '달리' 파악한다. 레비나스는 후설이 현상학적 방법으로 사태 그 자체(das ding an sich)를 직시하면서도 존재의 선험형식으로 다시 돌아서고, 하이데거가 현존재로서 존재자를 논하면서도 결국에는 존재의 측면으로 치우치는 것을 문제시한다. 그리고 이들보다 더 철저히 현사실성에 입각한 존재이해를 새롭게 하며 존재가 아닌 존재자의 존재성을 윤리와 연결시키며 '윤리'야말로 존재자의 '제1의 형이상학(la métaphysique)'이라고 레비나스는 주장하는 것이다.

존재자의 존재성을 윤리에서 구하며 자신만의 독특한 존재자의 윤리철학을 정립하는 레비나스는 유대의 종교적 전통과 러시아 문학예술이 주는 풍부한 상상력에 더하여 프랑스의 지적풍토 위에서 후설의 현상학과 하이데거의 존재론을 무엇보다도 자신의 삶의 경험과 더불어 보다 깊이 있게 천착해 들어간다. 구체적 몸을 가진 한 개별적 존재자로 살아가면서 겪은 삶의 고단함이란 그저 막연한 것이 아니라 아주 구체적이고 생생한 것임에 분명하다. 더욱이 죽음 앞에서 마주하는 두려움이란 하이데거와 같이 선취하는 사유가 아니라 절실하고 처절한 몸을 가진 존재자의 현실이기 때문이다.

　세상을 살아가는 존재자는 자신이 처한 상황 속에서 각기 나름으로 가장 적합함, 최선의 선택을 하며 살아간다. 그런데 최선을 선택한다는 것은 가장 좋음, 달리 말해 그 상황에서 가장 올바름을 취하는 일로서, 이는 곧 윤리적인 일이라 하는 것이다. 즉 자기가 된다는 것은 주어진 상황 속에서 그 나름의 이해와 판단, 그리고 결단을 취하며 있는 일로 이는 그에 따른 자유와 책임이 있다. 그러므로 이 세상에 존재하는 모든 개별적 존재자는 다른 존재자들과 차이를 가지며, 그 차이에 따르는 자유와 책임을 '무한'으로 가진다. 때문에 이 세상을 살아가는 모든 존재자는 그 누구도 그 무엇으로부터도 자신의 자유와 권리를 훼손당하지 않을 권리와 동시에 다른 존재자들에 대해서 무한책임을 가진다는 것이 레비나스의 주장이다. 이를 아는 사람은 자기와 다른 존재자를 무시하거나 배척하지 않고 오히려 그와 더불어 새로움을 향해 앞으로 나아간다며 레비나스는 이를 '다른 존재자에게로 나아감', '자기 초월', '타자의 얼굴로 향함(l'accès aux visage)', '얼굴과 얼굴을 마주함(la face à face)' 등으로 이야기한다.

　얼굴과 얼굴을 마주하는 일이란 타자의 요청에 내가 응답하는 일로 나보다 타자를 월등히 여기는 것이다. 다시말해 타자는 내게 요청하는 자요, 나는 그 요청에 응답해야 하는 자이기 때문이다. 타자는 나와 다른 시간 공간에 드러난 나와 다른 얼굴을 한 또 다른 나이다. 허나 우리는 이런 타자에 대해 알 수 없고 다만 그저 다가갈 뿐이다.

각기 자기의 얼굴을 한 존재자는 '홀로 서기'를 하는 것이며 홀로 선다는 것은 자기의 인격성을 가지고 그에 대해 권리와 책임을 가지는 존재자가 되는 일이다. 일정한 시간과 공간 안에 사는 존재자는 그렇기에 자기와 다른 타자와 함께함으로, 즉 타자에게로 향할 때 이전과 다른 생명력을 가진다. 타자를 자기화하여 무화시키는 것이 아니라 영원히 알 수 없는 나의 타자에게로 나아감으로 나는 생명력을 이어가는 것이다. 타자란 정복하고 다스리며 배제해야 할 대상이 아니라 존중하고 배려하며 환대해야 할 친구이다. 레비나스는 이를 '환대의 윤리'로 이야기한다.

레비나스가 볼 때 그동안 서양 사유는 전체라는 이름하에, 그리고 존재라는 이름하에, 각 존재자들의 차이를 지우고 동일한 전체로만 인식할 것을 강요해왔다. 그 결과 존재자들은 전체의 부분으로 전락되면서 같아지기만을 강요당

해온 것이 사실이라고 레비나스는 지적한다. 이른바 존재라는 동일성 속에서 존재자를 보면서 존재자가 가지는 각각의 차이를 서양 사유는 지워나갔다는 것이다. 그리고 또한 서양 근대 사유는 실재하는 것은 존재자가 아니라 존재라고 여기며 개별적 존재자들이 주체로서의 삶을 영위할 수 있는 길을 차단하였기에, 각 개별적 존재자들은 자신의 정체성조차도 망각하고 존재라는 전체성 속에 갇혀 지낼 수밖에 없었다고 한다. 레비나스는 그동안 전통 철학이 알게 모르게 바로 이러한 전체성의 이론적 근거를 제공해왔다고 비판하는 것이다. 그에 의하면 서양 사유는 개별적 존재인 존재자보다는 공동체를 우선시하면서 개별자를 공동체를 위한 존재로만 인식해왔다는 것이다. 다시 말해 그동안 서양 사유는 개별자들이 가지는 인간의 존엄성, 즉 자유와 권리, 그리고 그에 따른 책임에 대해 침묵하면서 암암리에 전체성을 위한 이데올로기의 역할을 해온 것이 사실이라고 레비나스는 서구 전통철학을 비판하는 것이다. 때문에 레비나스는 존재가 아닌 '존재자'에 주목하며 '무한책임'을 가진 존재자의 철학, 즉 '환대의 윤리'를 제시한다.

레비나스의 이러한 지적은 그의 개인적인 경험이 크게 작용하기도 하지만 프랑스라는 풍토 즉, 프랑스 혁명과 이로 인한 공포정치, 그리고 사회주의 운동, 세계대전으로 이어지는 긴 시간을 새로운 사회를 위한 다양한 실험 속에서 보낸 이들이 끝까지 지키고 싶어 하는 '자유'와 '평화'에 대한 열망을 그대로 담고 있다고 할 수 있다. 그들이 자유와 평화를 위해 흘린 피와 땀은 '행동하지 않는 지성은 지성이 아니다'라는 모토가 되어 그들의 사유를 지배하면서 오늘날 지금, 여기에서 자신의 삶과 사회에 대해 구체적으로 책임을 질 줄 아는 존재자를 요청하는 것이라 하겠다.

사회구조에 저항함으로

제1, 2차 세계대전을 통해 사회가 건강하지 못하면 그 속에 속한 개인의 삶 역시 결코 건강할 수 없음을 뼈저리게 절감한 사람들은 자신이 속한 사회문제에 주목하기 시작한다. 그것이 독일에서는 프랑크푸르트학파를 중심으로 이루어졌다면 프랑스에서는 '구조주의(structuralism)'라는 이름으로 사회 전반에서 다양한 형태로 일어난다. 당시 프랑스 사회는 하이데거의 관점에서 후설의 현상학과 마르크스를 결합하여 역사를 새롭게 창출하는 주체의 자유의지를 강조하는 사르트르의 실존주의가 지배적이었다. 그러나 스위스의 언어학자 소쉬르(Ferdinand de Saussure, 1857~1913)가 언어란 정해진 의미를 가지는 것이 아니라 기의와 기표라는 '랑그(langue)'와 '파롤(parole)' 사이에서 그때그때 만들어지는 것이라는 언어 구조학을 주창한 이래로 사람들의 관심은 개인적인 문제에서 사회구조적인 면으로 기울고 있었다.

이러한 토대 위에서 벨기에 태생의 프랑스 인류문화학자인 레비스트로스(Claude Levi-Strauss, 1908~2009)는 1962년 『야생의 사고 *La Pansée Sauvage*』[22]에서, 각 사회는 그 나

레비스트로스

름의 사회조직 체계가 있어 개별적인 모든 것들은 그 체계 안에서 의미와 역할을 가진다는 주장을 편다. 이는 구조주의의 태동을 가져오는바, 이제 사람들은 개인적이고 인간적이며 의식적인 문제보다는 보다 보편적이고 심층적이며 사회구조적인 문제에로 관심을 모은다.

푸코

이들 중에 한 사람이 미셸 푸코(Michel Foucault, 1926~1984)이다. 그는 인간중심적 사유에 대한 비판과 인간주체의 역사적 실천적 작업 모두를 창조적으로 수용하면서 개인의 삶이 사회구조 안에서 어떻게 다루어지고 있는가를 여실이 드러내 보이는 독창적인 철학자이다. 특히 권력, 지식, 윤리에 관심을 집중하면서 기존의 체계 안에 갇히기를 거부했던 저항

---

22) 이 책은 구조주의의 선구자인 레비스트로스가 메를리-퐁티에게 헌정한 책이다. 그는 최초의 주요저서인 『친족의 기본구조*Les Structures Élémentaires de la Parenté*』(1949)를 시작으로 『슬픈 열대*Tristes Tropiques*』(1955)등 많은 문화인류학의 저서를 남긴다.

의 철학자 푸코는 아는 만큼 살기를 원했던 실천적인 철학자이기도 하다.

어려서부터 학문에 뛰어난 재능을 보인 푸코는 프랑스의 푸아티에에서 유대인 의사 아버지에게서 태어난다. 당시 프랑스의 지성계를 지배하던 메를로-퐁티의 철학에 목도하던 그는 철학만이 아니라 심리학과 정신 병리학에도 관심을 가졌다. 그 덕분에 『광기와 비이성: 고전주의 시대에 있어 광기의 역사 Folie et Déraison: Histoire de la Folie à l' Âge Classique』라는 제하의 박사학위 논문을 쓰게 된다. 이 논문은 1961년 책으로 출간되는데 이를 계기로 푸코는 1962년에는 클레몽-페랑 대학의 철학과 교수가 된다. 오늘의 그를 있게 한 『말과 사물 Les Mots et les Choses』은 1966년에 출판되고, 혁명이 일어난 1968년에는 뱅센느 대학의 교수로 부임하여 사회의 소수자를 위한 실천적 운동에 본격적으로 나선다. 알튀세, 자크 라캉(Jacques Lacam, 1901~1981), 자크 데리다(Jacques Derrida, 1930~2004) 등과도 교류하며 서로 영향을 주고받던 푸코는 1969년 『지식의 고고학 L'Archéologie du Savoir』을 출간, 프랑스 지성의 상징인 콜레주 드 프랑스의 사상 체계의 역사 교수로 선출된다. 그의 취임 강연인 『담론의 질서 L'Ordre du Discours』

를 비롯한 이곳에서의 연구 성과는 1975년 『감시와 처벌 *Surveiller et Punir*』이라는 이름으로 출간된다. 그러나 보다 원대한 기획을 가지고 있던 푸코는 1976년 『성의 역사 1: 앎에의 의지 *Histoire de la Sexualité 1: La Volonté de Savoir*』를 시작으로 하여 1983년 『성의 역사 2: 쾌락의 활용 *Histoire de la Sexualité 2: L'Usage des Plaisirs*』을, 그리고 다음 해인 1984년 『성의 역사 3: 자기에의 배려 *Histoire de la Sexualité 3: Le souci de Soi*』를 써나가던 그해 6월 사망하고 만다.

철학의 역할을 비판이라 여기며 자신의 삶도 그렇게 살아간 보기 드문 천재인 푸코는 기질적인 성향도 그렇지만 체제 안의 제약을 피해 여러 곳으로 유랑생활을 이어갔다. 그는 사회체계가 어떻게 개인의 삶에 영향을 미치며 폭력을 가하는지 예리하게 파고들며 상식과 기존의 틀을 뛰어 넘는 독창적인 사유와 열정적인 삶을 살다간 철학자로서 오늘 날에도 그는 지대한 영향을 미치고 있다.

그는 너무도 당연하게 여기는 서양 사유의 여러 전제들에 대해 의문을 제기하는 일로 철학적 사유를 시작한다. 그리고 그것들이 근거로 내세우는 정당성과 타당성의 틀을 전복하며 시대의 지배적 관념이란 단지 그 시대의 권력, 지식에 연계된 하나의 사물에 지나지 않는다고 그는 주장한다. 푸코는 그 시대의 권력이 어떻게 이를 활용하여 체계적으로 지배해 왔는가 하는 형성과정을 면밀히 검토하면서 그것이 가지는 허상과 실상을 폭로한다. 뿐만 아니라 지배 권력과 형태들 그리고 이를 가능하게 하는 학문 체계들과 도덕들이 어떻게 이와 관계하며 재생산되고 확대되어 시대를 넘어 달리 이어져 내려오는가를 그는 계보학이라는 학문적 방법으로 끈질기게 파고든다. 특히 그는 인식과 실천, 그리고 문화를 가능하게 하는 숨겨진 질서, 즉 담론적 실천들을 결합시키는 관계들의 총체인 '에피스테메(episteme)'를 집중적으로 고찰하며 그것이 가지는 허상과 폭력성을 고발한다. 가려지고 은폐되어 마치 무의식의 영역처럼 작동되는 이것을 드러내 보이기 위해서 그는 계보학과 고고학적 방법을 동원하여 아주 예리하고 면밀하게 파헤쳐가는 것이다.

이를 통해 역사학의 틀을 거부하고 반역사적이고 반이성적이며 반체계적인 생명의 본능과 같은 힘, 파토스로 향하고자 하는 푸코는 자기 안에서가 아니라 '밖으로부터의 사유'를 부르짖는다. 철학의 목적을 자기 자신으로부터의 일탈이라 하면서 권력에 의해 만들어진 틀에 정상과 비정상을 나누며 감시와 처벌을 하고, 성을 억압하는 이 모든 것들로부터 벗어난 새로운 행위의 도덕적 주체를 추구하는 푸코는 이를 위해 '나는 어떻게 오늘의 내가 되었는가' 하는 주체의 형성 사를 재구성하는 주체의 '문제화(problématisation)' 즉 '주체 의 역사적 형성(historical formation of the subject)'을 논구하 는 것이다. 우리는 이를 '역사적 존재론'이라 한다.

이는 서구의 합리적 진리 개념들에 의해서가 아니라 그것 들이 형성된 역사적 과정, 다시 말해 그 틀의 형성을 문제시하 는 것으로, 지식과 권력과 윤리가 어떻게 역사적으로 형성되 었는가를 밝힘으로 푸코는 서구 합리성의 한계와 조건을 드러 내 보이고자 한다. 푸코는 이를 가리켜 '진리의 정치사(political history of truth)'라 한다. 그동안 철학이 추구했던 '~는 ~이다' 라는 논제와는 달리 '~은 ~이다'라는 틀 밖에서 '~는 어떻게 이루어 졌는가'를 물어야 한다며 푸코는 그것이 어떻게 그것 으로 고백되고 이야기되는가를 문제시한다. 그것을 그것이게 하는 바로 그것이 그 시대의 특정 사상, 즉 사회적 역사적 구성 물이라 하며 푸코는 종교, 학교, 경찰, 보건, 도덕, 지식, 성, 결 혼, 제도 등 모든 영역을 망라하여 이를 규정짓고 당연시 여기 는 틀을 넘어 새롭게 창조적으로 자신의 주체성을 윤리적으로 형성해갈 것을 주장한다.

해체주의로

데리다

니체가 형이상학을 해체하고 푸코는 사회구조가 이루어놓은 일상성의 모든 장벽을 넘어서 갈 것을 주장한다면, 데리다는 어느 하나의 중심을 절대화함으로 다른 모든 것들을 소외시켜 나간 그 중심을 해체시키는데 매진한다. 데리다 (Jacques Derrida, 1930~2004)는 이를 위해 또 다른 어떤 체계나 이론을 제시하기보다는 기존의 사상이나 주장, 이론을 그대로 그 사상, 그 이론, 그 주장에 적용시킴으로 그것이 가지는 모순을 드러내 보이는 해체주의 전략을 사용한다.

해체(déconsturction)라는 말은 데리다가 그의 주장을 피기 위해 사용하는 고유한 사유방식이지만 실은 하이데거가 서양 형이상학의 해체를 말할 때 사용했던 독일어 destruktion, abbau를 데리다가 불어로 차용한 것이다. 이는 우리가 생각하는 파괴나 철폐를 의미하는 것이기보다 절대화하고 고착화된 실재나 실체를 해체하고 본래적인 의

273

미를 회복하기 위한 전복의 수단을 뜻한다. 데리다는 그동안 서양 사유는 늘 무엇 하나를 중심에 놓고 나머지 부분들을 소외시킴으로 있어야 할 것, 보아야 할 것, 누려야 할 것들을 유실시켰을 뿐만 아니라 서로 중심이 되고자 하는 헤게모니 싸움의 연속이었다고 한다. 이를 위해 그는 중심을 해체시키고 모두가 다 중심일 수 있는 길을 추구한다. 이름하여 데리다는 다 중심을 지향하는 다양성을 논의한다.

다양성이란 모두가 각기 '다름'을 인정할 수 있어야 하는 바, 우리는 서로 다른 차이를 가진 존재라는 것에서부터 그는 출발한다. 즉 데리다는 사람을 동일성에서가 아닌 '차이성'을 본래성으로 삼아 서로 다른 차이를 가진 존재를 하나의 동일성에 가두는 특정한 사상 모두를 폭력으로 규정짓고, 모든 것이 각기 자신의 자리에서 자신의 삶을 살아갈 수 있어야 함을 주장한다. 그러한 면에서 데리다는 이전의 역사는 서양 중심, 인간 중심, 백인 중심, 남성 중심, 로고스 중심이었음을 지적하면서 모두가 자신의 삶에 중심이 될 수 있는 사회를 위해서 특정한 하나를 중심으로 하는 기존의 체계를 해체해가야 한다고 주장하는 것이다.

데리다의 이러한 주장은 그가 살아온 삶의 여정과 무관하지 않다. 알제리에서 유대인 부모 밑에서 태어난 프랑스인 데리다는 어린 시절을 반유대적인 사회 분위기 속에서 자란 탓에 제대로 교육을 받을 수 있는 기회를 갖지 못했다. 불안한 유년 시절을 보내야 했던 그는 청소년기에도 주변과 잘 적응을 하지 못하고 혼자 보내야 했던 시간이 많았다. 대신 책을 읽고 쓰면서 자신의 생각을 키워가던 데리다는 대학에 가서 알튀세를 만나고 라캉, 푸코, 블랑쇼 등과 교류하면서 비로소 세상 밖으로 나오기 시작한다. 1967년 그는 그동안 써 놓았던 『그라마톨로지에 관하여 De la Grammatologie』, 『글쓰기와 차이 L'Ecriture et la Différence』, 『목소리와 현상 La Voix et le Phénomène』을 동시에 발표하면서 자신만의 독특한 철학 '해체주의'를 소개하며 철학자로서의 입지를 굳힌다.

그것이 무엇이던 다른 소수를 억압하는 모든 지배적인 것에 반대하는 데리다의 해체주의는 진리라 언표되는 모든 것은 지금의 진리, 현전의 형이상학(la métaphysique de la présence)에 불과하다고 선언한다. 그에 의하면 진리란 상황 안에서 진리일 뿐, 시간과 공간을 넘어서 있는 절대적 진리가 아니라 한다. 그 어떤 주장이나 체계도 모든 것들을 다 담을 수 있는 진리란 없다는 것이 그의 생각이다. 그에 의하면 모든 것들은 다 부분적으로 모순을 가지기 마련이다. 그것들은 그 당시, 그것에 한에서 제한된 진리일 뿐, 이들은 항상 다른 무언가로 대치되고 바뀌어 가기 마련이라 하는 것이다.

세상에서 말하는 모든 진리는 시간과 공간 속에서 늘 변화하고 있다며 데리다는 이를 '차연(différance)'으로 설명한다. 데리다는 차연은 다름을 이야기하는 차이(different)에 시간의 미끄러짐이라는 연기의 의미를 더하기 위하여 차이의 알파벳 'e'를 'a'로 바꾸어 자신만의 고유한 신조어 différance을 만들어 사용한다. 진리는 시간과 공간을 달리하며 차차 연기되며 달리 이야기된다는 것이다. 이를 가능하게 하는 것이 다름 아닌 해체이다. 해체는 다른 한편으로는 생성을 낳는다. 데리다는 해체를 단순히 파괴나 무화를 의미하는 것으로서가 아니라 새로운 생성을 낳으며 시간과 더불어 진리를 차연하게 하는 원동력으로 이야기한다. 그런 의미에서 데리다는 차연으로서 해체주의 전략을 논한다.

데리다는 어떤 것이 진리로 이야기되고 대표되고 중심이 되는 순간, 다른 것들은 종속되고 소외되기 마련이라며 우리 삶에서 이러한 것들을 늘 끊임없이 해체해나갈 것을 주장한다. 그의 이러한 태도를 가리켜 우리는 해체주의라 한다. 진리란 완전한 것이 아니기에 늘 다른 것으로 보충되기 마련이며 이 보충이 결국은 기존의 것을 해체하며 차연해 가는 동원이다. 데리다는 때문에 이를 '위험한 보충(supplément)'이라 부른다. 현전의 형이상학은 그 시점에서는 진리이기는 하지만 그것이 진리로 자처하는 순간 그것은 이데올로기가 된다며 데리다는 이를 '독 당근(pharmakon)'으로 설명한다. 한편에서는 필요한 것이겠지만 그것에 매이게 되면 그것은 독이 되고 만다는 것이다. 때문에 모든 것들을 늘 해체해갈 수 있어야 한다는 것이 데리다의 주장이다. 해체는 해체된 채로 있는 것이 아니라 늘 다른 것으로 보충되기 마련이다. 따라서 진리는 해체되는 가운데 늘 달리 생성되며 있기에. 데리다는 이를 '진리는 차연된다'고 말한다.

시간과 공간 속에서 늘 차연되며 존재하는 진리는 그러므로 무엇이 진리가 아니라 차연되는 그 자체가 진리라 할 수 있다. 데리다는 이를 '흔적(trace)'으로 이야기한다. 허나 세계는 하나의 색깔, 하나의 이야기, 하나의 진리만을 이야기함으로 다른 것들을 지워왔다고 데리다는 비판한다. 그동안 하얀 종이에 하얀 글씨로만 써내려간 서구, 유럽, 백인, 남성, 기득권 중심이 이와 다른 다양한 색깔을 가진 사람들의 다양한 이야기, 즉 그들의 삶, 역사, 성, 인종 등을 지워버리고 배제하고 소외시켜 왔다는 것이다. 데리다는 이를 '백색신화'라 한다. 때문에 데리다는 이를 해체하고 각각 자신의 역사 자신의 생각, 감정, 목소리, 글로 이야기 할 것을 주창한다.

데리다는 그러한 면에서 음성 중심, 로고스 중심의 텍스트 해석을 활자화된 글 중심의 텍스트 해석으로 전환을 시도한다. 음성 중심은 오로지 말하는 사람의 권위에 의존하여 불변적인 힘으로 작용하기 쉬운데 반하여, 글자 중심의 텍스트 해석은 독자에 의해 글자와 글자 사이에, 문맥과 문맥 사이에서 가려지고 잊혀진 것들을 자유롭게 읽어냄으로써 보다 풍요롭고 다양한 해석의 길을 열어갈 수 있기 때문이라 한다. 그의 이러한 태도는 언어란 한편으로는 드러내기도 하지만 다른 한편으로는 가리고 은폐하기도 한다는 언어이해에 기초한다. 이러한 언어이해는 또 인간이성에 대한 이해, 즉 인간은 모든 것을 다 알 수 없는 한계를 가지며 한계를 가진 인간은 자기가 아는 만큼 이해하고 말하고 보기 마련이라는 해석학과 연결된다.

데리다의 이러한 주장은 그동안 소외되고 배제되고 억압받던 제3세계와 소수자, 그리고 성적 차별 등과 같은 다양한 권리신장과 개선 및 증진을 위한 운동을 야기할 뿐만 아니라 다양한 시선에서 다양한 목소리를 경청하며 다양한 가치를 인정하고자 하는 다문화 사회로 나아오는 계기를 제공한다. 그리고 이는 서로 다름을 인정하면서 다양함이 공존할 수 있는 길로 나아오고자 한다. 그리고 이는 또한 냉전체제 종식을 이끌며 사람들의 사유를 자신에게서 타자에게로, 사회에게로 확장해갈 뿐만 아니라 인간중심적 사유를 넘어 다른 차원과 세계로 향하게 하기도 한다. 그중에 한 사람이 그와 동시대를 살았던 들뢰즈라 할 수 있다.

거시담론으로

들뢰즈

자신들 앞에 처한 문제들을 극복해가고자 하는 다양한 시도는 이전까지는 개인과 사회, 그리고 이 둘의 관계성 안에서 이루어졌다면 질 들뢰즈(Gilles Deleuze, 1925~1995)는 사뭇 다른 차원을 열어 보인다. 그는 무엇보다도 이전과 다른 렌즈로 세상보기를 시도한다. 그는 다른 빛깔, 다른 거리. 다른 시점에서 이전의 학문들이 이루어놓은 성과들을 종합하면서 현실에 대해 가장 정합적인 존재론적 체계가 무엇인가를 고심한다. 그리고 그것이 이전의 철학들이 그 시대의 문제 속, 그 시대의 과학적 토대 위에서 성립한 것이라 하며 들뢰즈는 현대는 현대의 발달된 과학 위에서 현대의 질서, 문화, 가치, 상황에 대해 말할 수 있어야 한다고 주장한다. 그는 이를 위해 실증적이고 비판적인 철학 위에서 생물학적이고 진화론적인 연구 성과에 주목하며 철학의 주제들을 현실에 직시하여 새롭게 정초해나간다.

프랑스 파리에서 태어난 질 들뢰즈는 카르노 고등학교를 나온 후 소르본 대학에서 페르디낭 알키에, 조르주 캉길렘, 장 이폴리트 등을 사사하고 1969년 미셸 푸코의 뒤를 이어 파리8 대학 철학과의 철학사 주임교수가 된다. 1960년대 초부터 철학, 문학, 영화, 예술 등 다양한 분야에서 영향력 있는 저작들을 쓰면서 이름을 날린 차이의 철학자 들뢰즈는 특히 평생의 철학적 동지였던 정신분석의이자 공산주의자인 펠릭스 가타리(Félix Guattari)와 함께 쓴『자본주의와 정신분열 : 안티-오이디푸스 L'Anti-œdipe-Capitalisme et Schizophrénie』(1972)와『천의 고원 Mille Plateaux-Capitalisme et Schizophrénie』(1980)로 인하여 세계적으로 주목을 받기에 이른다. 그 외에도 1968년에 쓴『차이와 반복 Différence et Répétition』, 1969년에 발표한『감각의 논리 Logique du Sens』등 왕성한 저술 활동을 하던 들뢰즈는 1995년 스스로 삶을 마감한다.

들뢰즈는 이전의 서양 사유는 신조차도 인간중심적으로 사유하는 극도의 인간 중심의 사유를 해왔다고 비판한다. 그것도 의식 중심으로 사유를 전개하여 왔으나 인간은 단순히 의식만이 아닌 무의식적인 요소도 같이 있는 바, '자연으로서의 물질'과 '동물로서의 몸', 그리고 '마음'이라는 세 가지 측면을 하나로 가진 존재로 이야기한다. 이 세 가지가 하나로 있는 바로 그것이 무의식으로 작동하는 존재가 사람이라고 말하는 들뢰즈는 어떤 특정 중심의 사유가 아닌 객관적이고 종합적이며 전우주적이고 거시적인 관점에서 인간의 존재를 다시 고찰한다. 그럴 때에야 인간은 자신에 대해 제대로 알 수 있고 그에 따라 무엇을 어떻게 해야 하는지를 또한 알 수 있다는 것이 그의 주장이다. 들뢰즈는 이전의 철학은 그렇지 못했다는 면에서 허상 위에서 출발했다고 주장한다.

들뢰즈의 이런 생각에는 제2차 세계대전의 경험이 깊이 자리한다. 그는 인간이 어떻게 자기 파괴적 행동을 그렇게 집단적으로 할 수 있는지, 그리고 그러한 종속을 과연 우리가 욕망하는지를 묻는다. 그리고 그는 이러한 상황에 대하여 우리가 무엇을 어떻게 해야 하는지 구체적 실천을 위한 존재론을 이전의 철학처럼 허상으로가 아니라 역사적인 구체적 상황 속에서 새롭게 정립해가고자 한다. 이를 위해 들뢰즈는 사고의 틀을 넓히고 깊이를 달리 하면서 우리의 시선을 거대한 우주로 이끈다.

들뢰즈가 볼 때 우주를 이루는 요소는 '욕망기계(machine désirante)'라 한다. 우주는 욕망하는 것들에 의해서 이끌려 이런저런 모습과 성질을 가진 것들로 존재한다는 것이다. 들뢰즈는 자연 안에 흐르는 동일한 세계, 즉 자연 안에 물질적 연속성으로 있는 질료가 욕망을 내재적 원리로 작용하여 그 강도(intensité)에 따라 특정한 형태, 성질로 채취절단, 절편 (ségmentarité)을 하며 있는 것이라 한다. 절단은 그것에 의미를 부여하고 규정하는 일로, 존재한다는 것은 기존의 특성에서 벗어나 자기라는 특성을 가지는 것이다. 들뢰즈는 이를 기계들 흐름의 절단들의 체계라 말한다. 동일한 세계가 서로 다른 절단에 의해서 서로 다른 특성을 가진 것으로 생성(되기 devenir)하는 것, 그것이 자연세계이다.

그런데 절단은 세계를 횡단하고 가로지르는 것이고,(transversalité) 새로운 채취절단은 이탈절단(돌연변이)을 통해서 이루어진다. 이는 어떤 체계에 의해서나 목적 지향적으로가 아니라 상황에 의해서 달리 이루어진다. 마치 나무처럼 일정하게 정해진 순차에 의해서 이루어지지 않고 뿌리식물처럼 방향이 주어지지 않는다 하여 그는 이를 리좀식(rhizome)이라 이름하여, 나목식(arborescence)과 구별한다. 이는 기관 없는 신체(corps sans organs)로서 새로운 접속 (connexion)을 통해 기존의 체계, 구조에서 분리(disjonction) 되어 다양체(multiplicité)로 생성되고 새로운 것으로 코드화

(codage) 된다한다. 들뢰즈는 이 과정을 연결-종합, 채취-절단 되고, 분리-종합 이탈-절단되며, 결합-종합 잔여-절단하는 과정을 탈주(fuite)로 설명한다. 생명체는 접속과 이중분절(double articulation)을 통해 탈영토화(deterritorialisation)되고 재배치(re-agencement)되는 과정을 순환하며 있는 노마돌로지(nomadology)라 하는 것이다.

들뢰즈가 이처럼 생경스런 낯선 언어로 자신의 철학을 전개시키는 까닭은, 우리가 인간중심적 사고를 벗어나 초월론적 경험론(transcendental enpiricism)에 의거하여 세계를 본다면 세계는 차이를 가지고 반복하는 하나의 탈주선(lines of flight)에 지나지 않는다는 것을 보여주기 위함이라 하겠다. 이때 경험이란 인간의 경험이 아닌 모든 종류의 기계를 포함하는 것으로 그는 인간중심적 사유를 벗어나 탈인간적(inhuman) 지각작용들과 힘들을 파악할 수 있기를 희망한다. 들뢰즈에게 있어 진정한 사유함이란 인간의 질서를 넘어서 사유하는 것이다. 그는 이를 통해 실재하는 세계를 넘어서 또 다른 동인을 설정하지 않고도 생명의 충일과 변화를 거시적으로 설명해낼 수 있다고 보았기 때문이다.

두 번의 세계대전과 과학의 예측할 수 없는 발전으로 인해 초래된 문제 앞에서 현대인들은 자기를 돌아보는 일에서부터 이처럼 인간 이후의 다음 인간에 대한 생각을 하기까지에 이른다. 특히 들뢰즈는 인류에게 인간의 차원에서가 아니라 거시적 관점에서 사유하도록 함으로 생태학적으로 그리고 우주론적 관점을 생각할 수 있도록 이끈다.

허나 또 다른 한편에서는 여전히 과학이 제공하는 편리함과 용이함에 이끌리며 그 해결책 역시 과학적인 방법으로 이루고자 하는 사람들 또한 있는 것도 사실이다. 그들이 영미를 중심으로 하는 과학 철학자와 실용주의 그리고 언어분석학자들이라 할 수 있다. 그러나 이들 역시 현대에서는 상당히 수정 보완된 측면이 많다. 그러한 면에서 현대는 점차 경계를 허물며 통합적 사유를 해나가려 한다고 말할 수 있다.

과정적 관점에서

베르그송

현대철학의 또 다른 특징이 있다면 원인이나 목적을 물어 나갔던 이전의 철학과 달리, 전체를 하나의 유기체적 흐름에 놓고 모든 것을 '과정'으로 설명해내려는 태도일 것이다. 생명의 흐름으로서 과정을 본 사람으로 우리는 먼저 프랑스의 앙리 베르그송(Henri Bergson, 1859~1941)을 이야기할 수 있다. 그는 본질이란 역동적이고 생동적이며 연속적인 흐름이라며 단절로서가 아닌 '지속(durée)'으로서 생명을 이야기한다. 베르그송은 사물을 인식하는 데에는 두 가지 방식이 있는데 하나는 대상 밖에서 관찰하는 방식이고, 다른 하나는 대상 안으로 들어가 대상과 하나가 되는 방식이라 한다. 대상을 관찰하는 것은 그것을 '관찰하는 자의 시점(point du vue)'에 따라 달라질 수밖에 없기에 상대적이지만 대상 안에 들어가는 것은 그 자체를 직접적으로 경험한다는 면에서 절대적 지식을 가진다고 한다.

베르그송은 과학은 지성에 의해 대상을 밖에서 관찰하고 '분석'해 가는 방식으로 이미 알고 있는 체계나 기호로 대상을 환원하는 작업이라는 면에서 본질을 알기보다는 오히려 파괴하는 측면이 강하다고 이야기한다. 그에 의하면 분리하고 정태적으로 분석하는 과학의 방법으로는 역동적이고 생동적이며 연속적인 흐름인 '지속(durée)'으로 있는 본질을 알 수 없으며 본질은 일종의 지적인 공감이라 할 수 있는 '직관'에 의해서만 이를 수 있다 한다.

직관이란 지속 안에서 사유하는 것으로 내적인 것은 그 어떤 이미지로 환원, 표현될 수 없다는 것이다. 지속 안에서 사유한다는 것은 생동적인 힘, 생의 약동(élan vital) 연속성 안에서 활동하는 창조력을 운동, 전개, 생성, 지속의 문제에서 사유하는 것으로, 참다운 실재를 경험하는 것이다. 베르그송은 이러한 관점에서 물질에 상대적으로 작용하는 개념인 지성에 의해서가 아니라 직관에 의할 때만이 참다운 도덕, 종교 삶을 이룰 수 있다고 피력한다. 그의 이러한 주장은 사유를 분절로서가 아니라 지속하는 과정 속에서 사유할 것을 이야기하는 것이다.

화이트헤드

유기체적 통일성 안에서 사물을 보려는 베르그송의 사유와 다른 관점에서 과정을 다룬 철학의 일군이 있다면 주로 영국과 미국에서 일어난 과정철학자들일 것이다. 이들의 중심에 화이트헤드(Alfred North Whitehead, 1861~1947)가 있다.

화이트헤드는 생명을 하나의 과정으로 설명한다. 그의 사상을 크게 세 부분으로 나누어 본다면, 처음 시기가 트리니티 대학에서 수학을 가르치며 러셀과 함께 『수학의 원리 *Principia Mathematica*』(1910)를 집필하던 때이고, 두 번째는 교육과 산업문명에 관심을 가졌던 런던 대학교 시절이다. 이때 그는 뉴턴의 과학을 자신의 경험지향적인 이론으로 대치하고자 『자연과학의 원리에 관한 연구 *Enquiry Concerning the Principles of Natural Science*』(1919)와 『자연의 개념 *The Concept of Nature*』(1920)을 출간한다. 그리고 그에게 있어 가장 중요한 시기인 제3시기는 하버드 대학의 철학교수로 부임한 1924년 이후의 시절이다. 그는 이곳에서 그를 과정철학자로 있게 한 주요 저서들, 즉 『과학과 근대세계 *Science and the Modern World*』(1925)와 『과정과 실재 *Process and Reality*』(1929) 그리

고 『관념의 모험 *Adventures of Ideas*』(1933)을 연이어
발표하며 가장 생산적인 시기를 보낸다.

　화이트헤드는 과학적 사유는 특정 관념의 체계에 의존하
기 마련이라며, 철학은 그 체계가 명료하고 비판, 개선될 수
있도록 하는 데 있다고 한다. 그러한 관점에서 화이트헤드는
과학은 이제 새로운 사상 체계를 요구하는 전환점을 맞이한
다며, 이전과 다른 사물에 대한 인식, 즉 사물의 본질을 개체
성이 아닌 '연결성(connectedness)'에서 찾으며 과정철학을
태동시킨다. 자연은 살아 있는 유기체로 현실에 있는 실체
들은 단지 자연의 삶 속에 있는 편린에 지나지 않는다고 화
이트헤드는 말한다. 실재란 분리되어 있는 실체가 아니라는
것이다. 다만 그것은 지금 그렇게 있는 '현실체(actual entity)'
혹은 '현실적 사건(actual occasion)'으로, 우리가 이를 마치
분리되어 있는 실체로 여기는 것은 지적인 추상물 즉 '전도
된 구체성의 오류(fallacy of misplaced concreteness)'를 범하
는 것이라 한다.

　그런 의미에서 화이트헤드는 사건은 존재하는 것이 아니
라 발생하는 것이라고 말한다. 존재한다는 것은 변화가 없
는 것이며 발생한다는 것은 역동적인 변화를 수반한다는 것

으로, 현실적 사건은 지속적으로 변화하는 실재라는 것이다. 변화는 실재들 상호 간에 침투에 의해서 일어나는 것으로, 어느 한쪽에 의한 일방적 변화를 말하는 것이 아니라 주체와 객체 모두가 변화의 과정 안에 있는 것을 뜻한다. 그에 의하면 자연은 이러한 현실적 사건들의 집합체로서 서로 변화를 주고받는 역동적인 유기체이다. 현실체는 현실적 사건들의 충격을 감지하고 그것을 자신 안으로 흡수하며 항상 새로운 생성의 과정 안에 있다는 것이다. 현실체는 일정한 형태나 특성을 가지다가 소멸하는 것으로, 화이트헤드가 볼 때 소멸한다는 것은 다른 형태와 특성을 가진 또 다른 무엇으로 생성해가는 것으로, 이 과정 속에서 현실체는 그것의 독특한 특성을 잃지만 과정이라는 흐름 속에서 볼 때는 여전히 남아 있는 것이다.

우리가 경험하는 것은 단일의 고립된 현실체를 경험하는 것이 아니라 실체들의 집합체를 경험하는 것이다. 이는 실체들에 의해 '파악(prehension)'된 것이 결합에 의해 이루어진 것으로 우리는 이를 '사회'나 '상호관계(nexus)'라 한다. 화이트헤드는 이러한 현실체들이 계속 생성해가는 연속적인 과정을 실재로 이야기한다. 그런 의미에서 실재의 근본적인 특성은 창조성이라 할 수 있다. 창조성은 복합적인 통일체로 구성되는 궁극적인 원리로, 창조적인 통일체를 이룬 다양한 많은 것들의 상호 연관이 우주를 형성한다. 이때 합생(concrescene)은 새로운 총체성으로 파악 생성해가는 것을 말한다.

화이트헤드는 이처럼 현실체, 파악, 상호관계로 자신의 철학을 설명해간다. 그에 의하면 세계 내에 연관되지 않은 것은 아무것도 없다. 모든 현실체는 전 우주와 상호관련을 맺고 있으며, 그것은 생성과정 속에서 파악, 형성된다. 파악은 파악하는 주체와 파악하는 자료, 그리고 파악하는 주관적 형식으로 되어 있다. 파악에는 긍적적 파악(positive prehension)과 '부정적 파악(negative prehension)'이 있으며, 자료가 파악되는 주관적 형식은 정서, 평가, 목적, 의식과 같은 종류로 되어 있다. 이때 정서적 정감은 구체적 경험의 근본 특성으로 현실체는 파악에 대한, 정감에 대한, 내부관계들에 대한, 능력을 가진다. 헌데 현실체의 창조성은 영원한 대상들(eternal objects)에 의해 한정된 특성, 즉 유형과 성질의 동일한 특성으로 각인된다. 다시 말해 현실체는 창조되지 않는 영원한 대상들의 총체성에 의해 특별한 유형으로 구성되는 것이다. 이때 현실체와 가능태이기도 한 영원한 대상과의 관계는 내적 침투로서 이루어지는데 '내적 침투(ingression)'는 현실적 실체가 영원한 대상을 취하면서 이루어진다.

화이트헤드는 이러한 논리로 신조차도 창조자가 아니라 영원한 대상과 현실체를 능동적으로 매개하는 것으로 이야기한다. 즉 신은 가능태를 현실태로 향하게 하는 궁극적 원리이자 '유혹체(lure)'로서 단지 창조와 더불어 있을 뿐, 세계를 창조하는 것은 아니라 한다. 그는 다만 무한정한 가능태인 영원한 대상을 파악한다는 면에서 신은 우리를 구제하며 있을 뿐이라 하는 것이다.

언어이해를 달리하면서

　과정철학 외에도 영미를 중심으로 생겨난 현대철학의 또 다른 사유의 줄기는 언어학이다. 루터에 의해서 이루어진 성서번역은 사람들로 하여금 자기 언어로 생각할 수 있는 힘을 가지게 하였고, 과학의 발달은 실제로 멀리 나가 다양한 사람들과 다양한 언어와 소통해야 할 필요성을 제기하였으며, 각각의 공동체는 각자 자기의 언어 체계 속에서 생각을 담아가고 소통하고 문명을 이루어 간다는 사실을 깨달으면서 사람들은 그 어느 때보다 언어에 관심을 집중하기 시작한다. 그런 까닭에 20세기 현대철학은 무엇보다 언어를 중시하면서 이루어진다.

러셀

　언어에 대한 사람들의 태도는 크게 두 가지로 나뉜다. 하나는 언어가 가지는 기능적이고 매개적인 측면을 강조하는 부류와 다른 하나는 언어와 인간 존재의 상관성 상에서 파악하려는 태도이다. 이들 중에 언어를 과학적 토대 위에서 좀 더 명료하게 다루고자 하는 언어학파가 있는데 그들이 언어분석철학자들이다. 이들은 철학의 역할을 언어분석을 통해 개념들을 명료하게 하는 것에서 구한다. 영국의 러셀(Bertrand Russell, 1872~1970)과 무어(George Edward Moore, 1873~1958)를 중심으로 한 언어분석학은 실재의 본질을 탐구하거나 우주를 설명하는 것이 철학의 의무가 아니라 이를 설명하는 과학자의 언어가 얼마나 명료하고 논리적으로 유의미성을 가지는지를 분석하는 데 있다고 한다. 무어가 상식선에서 일상언어를 명료하게 하려 했다면, 러셀은 수학에 기초하여 사실(facts)과 정확히 대응하는 논리적 원자론(logical atomism)으로서의 언어를 새롭게 창출하고자 한다.

반면에 1920년대 오스트리아 빈에서는 루돌프 카르납(Rudolph Carnap, 1891~1970)을 중심으로 논리실증주의학파가 형성된다. 이들에 따르면 과학적 탐구활동은 논리적 추론을 근간으로 하는 객관적인 지적 활동으로 모든 것은 검증원리에 의할 때, 다시 말해 명제가 분석적이거나 경험적으로 검증 가능할 때만 의미가 있다고 주장한다. 그러나 1936년 A. J. 에어(Sir A(lfred) J(ules) Ayer, 1910~1989)는 『언어, 진리, 그리고 논리 *Language, Truth, and Logic*』에서 이들의 일방적인 주장에 대해 문제를 제기하는가 하면, 콰인(Willard Van Ormam

Quine, 1908~2000)은 경험론자와 형이상학자들의 언사는 정도의 차이만 있을 뿐 별로 다르지 않다며 어떠한 명제도 수정될 가능성을 가진다고 주장하기에 이른다. 이러한 언어분석과 논리실증주의자들의 언어이해를 종합하여 새로운 차원으로 이끌어간 사람이 루트비히 요제프 요한 비트겐슈타인(Ludwig Josef Johann Wittgenstein, 1889~1951)이다.

비트겐슈타인

20세기의 가장 위대한 철학자 중에 한 사람인 루트비히 비트겐슈타인은 1889년 오스트리아 빈에서 부와 지식과 예술을 사랑하는 매우 유복한 가정에서 8남매의 막내로 태어난다. 유대인으로서 기독교로 개종한 아버지와 예술적 소양을 가진 천주교 신자였던 어머니 밑에서 많은 문화계 인사들과 교류하며 자란 비트겐슈타인은 부친의 권유에 따라 공학도의 길을 간다. 그러나 러셀과 화이트헤드가 같이 쓴 『수학 원리 *Principia Mathematica*』(1910~1913)와 프레게(Friedrich Ludwig Gottlob Frege, 1845~1925)의 『산수의 근본법칙 *Die Grundlagen der Arithmetik: eine logisch-*

mathematische Untersuchung über den Begriff der Zahl, Breslau』(1884) 등을 읽고 수학에 흥미를 가지기 시작한 비트겐슈타인은 1911년 러셀의 강의를 듣게 되면서 일대 변화를 겪는다. 비트겐슈타인이 무어와 만나 수리 논리학의 원리에 대한 작업을 시작하는 시기도 이때이다. 그러나 이에 만족할 수 없었던 비트겐슈타인은 1913년에 노르웨이의 한 산골에 머물며 혼자『논리철학 논고 *Tractatus Logico-Philosophicus*』(1922)[23]를 탈고하는 가장 정열적이고 생산적인 시간을 보낸다.

그러나 1914년에 발발한 세계대전에 충격을 받은 비트겐슈타인은 전쟁의 참상을 경험하고는 이후 윤리적이고 종교적인 성향을 갖기에 이른다. 비트겐슈타인은 초기에 관심을 가졌던 논리 분석, 즉 케임브리지 시절의 연구 주제와 노르웨이 시기의 작업 위에 윤리 개념을 더하면서 '논리 연구'를 전개해나간다. 언어는 세계를, 명제는 사실을, 이름은 대상을 지칭한다는 실제 대응관계에 있다는 '그림 이론(picture theory)'에 근거하여 그는 기존의 철학, 특히 형이상학이나

---

23) 이 작품은 1918년 탈고된 원고를 삼촌 핀센트에게 헌정되었으나 출판되지는 않았다. 1918년 전선에 복귀한 비트겐슈타인이 이탈리아군의 포로가 되었을 때 러셀의 도움으로 1919년에 1차로 출간된다. 1922년 3편의 책으로 정식 출간되기에 이른다.

도덕학에서 말하는 신이나 자아, 도덕 등은 대응하는 실제가 없기에 의미(sinn)가 없다고 주장하면서 비트겐슈타인은 '말할 수 없는 것에 관해서는 침묵해야 한다'고 주장한다. 이는 증명할 수 없어서 무의미한 것이 아니라, 구태여 증명할 필요가 없다는 것이다.

그러나 비트겐슈타인은 『논리철학논고』에서 주장했던 것과는 달리 일상생활에서 쓰이는 언어의 의미는 결코 한 가지로 고착되지 않는다는 점을 깨닫고 사유의 전환을 꾀하기 시작한다. 비트겐슈타인의 사상은 흔히 『논리철학논고』로 대표되는 전기와 『철학 탐구 *Philosophische Untersuchungen*』(1953)[24]로 대표되는 후기로 나눌 수 있는데 『논리철학 논고』에 나타난 전기 사상이 명제에 사용된 낱말의 은유적인 관계를 분석함으로써 기존의 철학에서 잘못된 개념으로 인해 빚어진 비논리적인 점을 지목하는 것이었다면, 후기 사상은 언어놀이에서 상호 변환되는 자연언어가 논리적 구조로 정형화된 언어와는 다른 의미를 지닌다는 점을 주장한다. 때문에 『철학 탐구』에서 비트겐슈타인은 자신의 철학을 상당 부분 수정한다. 그는 일상적으로 사용되

---

24) 이 책은 비트겐슈타인의 사후에 남겨진 초고를 모아 출판된 것이다.

는 언어를 중요시 여기며 언어가 있기 전에 우리들의 일상생활이 있고 삶의 양식이 있다며 언어는 사용에 의해서 이루어진다는 주장을 하기에 이른다.

비트겐슈타인은 같은 언어를 사용한다는 것은 삶의 형식을 공유하는 것으로, 언어에는 하나의 공통된 본질이 아닌 사용함으로 나타나는 여러 유사성이 있다며 그는 이것을 '가족 유사성(family resemblances)'이라고 부른다. 비트겐슈타인은 언어를 놀이에 비유했는데, 그에 따르면 놀이에는 어떤 본질이 있는 것이 아니라 마치 가족처럼 서로 유사한 점이 있다는 것이다. 그는 이를 '언어 게임(language game)'이라 한다. 따라서 이제 언어는 본질적 의미에서가 아니라 어떤 유사성을 가지고 말해지는가에 따라 달리하는 것으로 이야기된다.

철학을 어떠한 사물이나 현상에 대해 연구하는 학문이 아니라, 그러한 것들을 연구하는 학문에서 사용되는 언어를 연구하는 학문이라고 생각했던 비트겐슈타인은 전기에서 자신이 주장하던 '그림 이론'을 뒤집으며 일상 언어가 쓰이는 방식과 언어가 수반되는 행위, 그리고 언어가 쓰이는 문맥을 검토하면서 '언어 게임'이라는 새로운 언어이해를 시도한다.

비트겐슈타인의 토끼오리

이제 언어란 언어 자체에 의미를 가지고 있는 것이 아니라 유사한 경험을 하는 사람들의 공동체 안에서 일종의 게임처럼 규율과 규칙에 따라 달리 이야기되는 것이 된다.

그의 이러한 주장은 일상 언어를 통해 삶의 구체적 자리에서 언어를 이해하고자 하는 존 오스틴(John Austin, 1911~1960)과 같은 이들에 지대한 영향을 미칠 뿐만 아니라 프랑스와 독일 등의 대륙철학자들과도 다양한 접점을 가지며 오늘날에도 여전히 그 힘을 이어가고 있다. 그러나 1939년 무어에 이어 케임브리지 대학교의 철학 교수직을 이어 받은 비트겐슈타인은 1947년 교수직을 사임하고 집필에만 전념하던 1951년 암으로 세상을 떠나고 만다.

실용주의로

현대인들은 삶의 철학으로, 사실성의 철학으로, 일상 언어에 근거한 언어철학으로, 추상적인 것에서 보다 구체적이며 사실적이고 현실적인 것에 관심을 기울이는 특징이 있다. 미국을 중심으로 하는 실용주의(pragmatism)는 이러한 경향성을 가장 분명하게 드러낸다.

퍼스, 제임스, 듀이(왼쪽부터)

19세기 경험론과 공리주의, 그리고 과학에 의해서 이루어진 성과에 고무된 사람들은 인간 중심적 전통에서 이루어지던 철학적 논제들, 즉 신, 선, 자유의지와는 다른 관점에서 자신의 생각과 판단 행위를 설명할 수 있기를 원한다. 이성적이고 관념론적인 철학과 과학이 이루어온 성과를 넘어선 제3의 방식을 갈구했던 이들은 두 전통 사이에서 중요한 요소들을 선택, 결합하면서 다음과 같이 주장한다. 우리는 실재에 대한 개념을 가지고 있지 않으며 사물들은 여러 각도에서 인식하고 지식은 다원론적인 접근을 허용해야 한다는 것이다. 그리고 그것이 과연 우리 삶에 어떤 의미가 있으며 실제로 어떻게 유용한가를 질문한다. 이들이 찰스 퍼스(Charles Sanders Peirce, 1839~1914)와 윌리엄 제임스(William James, 1842~1910) 그리고 존 듀이(John Dewey, 1859~1952)로 대변되는 프래그머티스트들이다. 퍼스가 논리학과 과학에서 출발한다면 제임스는 심리학과 종교에 대해, 그리고 듀이는 윤리학과 사회사상 차원에서 접근한다.

퍼스는 단어가 어떻게 의미를 가지는가에 대한 새로운 설명을 통해 단어의 의미가 여러 가지 행동으로부터 도출된다는 사실을 이야기한다. 이때 신념(belief)은 사유와 행동 사이를 결합시키는 고정(fixation)의 역할을 하는데, 여기에는 고집(tenacity)과 권위(authority), 관념이 이성(reason)에 부합하느냐의 문제를 제기하는 철학의 방법이 있다.

그러나 이들은 모두 정신 내에 있는 주관적인 것으로, 퍼스는 이와 다른 경험 위에 실재적인 기반 위에 있는 '과학

(science)의 방법'을 제시한다. 그가 주창하는 과학적 방법의 필수조건은 우리가 믿고 있는 진리가 무엇이며 그것에 도달하게 된 방법이 무엇인가를 진술할 수 있어야 한다는 것이다.

그리고 그것은 누구라 하더라도 그 과정이 동일하게 단계를 거치며 동일한 결과를 이루어낼 수 있어야 한다는 것이다. 이처럼 실재적인 사물에 기초하여 검증할 수 있는 과학적 방법이야말로 공적 행위로, 퍼스는 이에 근거하여 행하는 것이 모두에게 실질적이라 이야기한다.

반면에 제임스는 퍼스가 이루어 놓은 토대 위에서 또 다른 관점을 열어간다. 그는 인간이 사물과 자신을 둘러싼 환경을 이해하려고 할 때 철학적 사유를 하게 된다며 한정된 삶에서 그것이 자신에게 무슨 의미인지를 규명하는 것이 철학의 역할이라 한다. 제임스는 프래그머티즘을 어떤 공식이나 체계로서가 아니라 하나의 '방법'으로 논한다. 즉 어떤 이론의 가치는 그것들의 언어 내부에 일관성에서가 아니라 문제를 해결할 수 있는 능력여부에 있다는 것이 제임스의 생각이다.

그러나 누구보다도 실용주의(프래그머티즘)를 대표하

는 사람은 실천적 연구에 중점을 둔 존 듀이이다. 1879
년 미국에서 태어난 듀이는 1884년 『칸트의 심리학 *The
Psychology of Kant*』이란 제목으로 철학 박사 학위를 취
득한다. 이후 미시간 대학교의 교수를 거쳐 미네소타, 미시
간, 시카고, 컬럼비아 등에서 대학교수를 지낸 듀이는 시카
고 대학교 시절 자신의 주장, 즉 지식에 대한 경험주의적 신
념과 실험학교를 창립하는 등 학교 제도에 대한 실용주의
적 주장을 마음껏 펼치며 네 개의 주요한 저작을 발표한다.
이것이 1903년 출판된 『논리 이론에 대한 연구 *Studies in
Logical Theory*』와 그의 사상을 대표하는 1925년 발간
된 『경험과 자연 *Experience and Nature*』, 그리고 교육
과 관련된 『학교와 사회 *The School and Society*』(1899)
와 『어린이와 교과과정 *The Child and the Curriculum*』
(1902)이다.

듀이는 경험론과 이성론자 모두 지식의 참된 본질과 기능
을 혼동함으로 인간 정신이 본질적으로 고정되어 있는 것으
로 여기나, 이는 이성을 확실한 그 무엇을 고찰하는 도구로
밖에 여기지 않는 것이라 비판한다. 듀이는 이를 '방관자의
인식론(a spectator theory of knowledge)'이라 하며 이와 달
리 사람은 자연환경 속에서 경험(experience)하는 가운데 사
유작용도, 능동적인 지성도 생겨나는 것이라 주장한다. 다윈

의 영향을 받은 듀이는 인간을 생물학적 유기체로 파악하며 역동적인 생물학적 실재인 인간이 어떻게 불확실한 환경 안에서 사유하고 살아가는가 하는 문제에 관심을 기울인다.

그는 사유작용이란 실용적인 문제와 별개로 일어나지 않는다며 사람은 문제 상황 속에서 실용적인 방향으로, 변증법적으로 사유한다고 한다. 즉 사람은 처음에는 혼란한 상황을 실용적으로 통합, 정립하며 사유한다는 것이다. 그러한 면에서 듀이는 자신의 이론을 '도구주의(instrumentalism)'라 이름 한다. 우리의 정신은 개별적 사물을 인식하는 것이 아니라 유기체적으로 인간과 환경 사이에서 실용적으로 변용하며 사유한다는 것이다. 이처럼 사유작용은 사물에 내재하는 정태적이고 영원한 성질로서 진리를 탐구하는 것이 아니라 그가 처한 환경 안에서 무엇이 가치가 있는가, 즉 실용적인가를 사유하는 것이다. 그런 의미에서 가치란 무엇을 선택해야 하는 상황을 경험할 때 비로소 생기는 것이라 한다. 듀이의 철학은 이러한 한에서 문제해결식 인식론이라 할 수 있다.

듀이의 이러한 주장은 인간본성에 대한 설명에서도 그대로 나타난다. 즉 그는 인간본능 역시 고정된 유전성을 가지는 것이 아니라 가용성, 즉 융통성을 가진다고 이야기한다.

때문에 사회적 조건들에 따라 인간 본성도 얼마든지 달라질 수 있다는 것이 그의 생각이다. 듀이는 행위에 대한 단순 기계적인 설명을 거부하고 특정한 상황에 의해 반복되어진 '습관(habit)'으로 대신하면서, 필연적이 아닌 고착된 행동의 유형이라 할 수 있는 습관을 변경시키는 교육에 관심을 집중한다. 그는 인간이 습관의 피조물이라면 교육은 가장 유용하고 창조적인 습관을 키워주는 것이라 한다. 듀이는 이를 위해 지속적이고 단계적으로 그리고 경제적인 향상과 사회의 개선을 이루는 주요한 방안으로 젊은이들에게 교육의 기회를 제공하는 것이 매우 중요하다고 말한다. 그리고 정신은 정연한 이론의 체계를 추구하는 것이 아니라 근본적인 문제를 성공적으로 해결하기 위해 대안적 수단을 활용하는 것으로 교육은 실험적이어야 한다며 듀이는 교육을 통해서 이를 효과적으로 수행할 수 있기를 희망한다.

다윈의 진화론적 생물학의 입장과 헤겔의 변증법적 사상에 근거하여 과학의 태도, 즉 실험과 반성처럼 철학도 행동과 사유와의 관계로 파악하고자 하는 듀이의 철학은 일상생활 내에서 구체적인 사건들 속에 가치의 문제를 정립시키며 도덕, 사회정책, 정치, 경제학에 이르기까지 실용적인 가치로 변용되기를 바라는 것이라 하겠다. 이때 가치는 공감된 경험(pooled and cooperative experience)만이 신뢰(faith)해야 하는 것임을 듀이는 분명히 한다. 듀이의 이와 같은 실용주의 노선은 오늘날 미국을 비롯한 민주주의 사회 안에서 상당한 부분 실현되어가고 있다.

정신분석을 통해서

　현대에서 빼놓을 수 없는 또 다른 사조가 있다면 정신분석학의 행보이다. 이는 물질의 풍요와는 달리 점점 개인화되고 상품화 되는 자본주의사회에서 증대되는 인간 소외와 인간성 상실로 말미암아, 수많은 병리현상에 시달리게 된 사람들이 겪는 정신적인 고통과 깊이 관계한다.

프로이트

　발달된 과학의 방법으로 정신의 문제도 다루어 보려는 실증주의적 영향은 물론 인간 이성에 대한 지나친 낙관론에 대항하여 그 한계를 지적하고자 하는 사람들과도 달리, 이성이란 의식만이 아닌 무의식이 상존하며 이 무의식이야말로 실제로 인간의 삶을 이끌어 간다고 주장하는 사람이 바로 독일의 지그문트 프로이트(Sigmund Freud, 1856~1939)이다. 프로이트에 의해서 처음으로 제기된 정신분석은 이후 융과 라캉 그리고 지젝은 물론 여성주의적 입장에서 정신분석을 주장하는 주디스 버틀러에 이르기까지 매우 다양하게 전개된다.

프로이트는 헤겔의 이성에 대한 절대적 관념론을 반대하며 나온 쇼펜하우어의 염세주의적 비이성주의에 이끌려, 사람은 의식보다는 더 거대한 무의식이 존재하며 이 무의식에 의해 의식이 형성된다고 함으로써 그동안 의식 위주의 사고를 무의식으로 전환시키는 일대혁명을 가져온다. 사람을 실제로 움직이는 것은 의식이 아니라 무의식이라 하는 충동(trieb)으로 파악하는 것이다. 프로이트는 충동은 단순한 생물학적 본능과는 구별된 인간만이 가지는 특성으로, 이는 태어날 때부터 주어진 것이 아니라 의식이 오랫동안 내재화되는 과정 속에 모든 것들이 함께 하나로 하며 형성된 정신과 육체 사이의 경계에 있는 것이라 한다. 충동이 어떤 대상과 연결되면 욕망이 되는 바, 그중에서도 성욕인 리비도(libido)를 가장 근원적인 욕망으로 프로이트는 이야기한다.

우리에게는 이와 같이 의식(consciousness)만이 아니라 무의식(unconsciousness)과 전의식(preconsciousness)이 있으며, 의식에는 태어날 때부터 가지고 있는 원초아(id)와 이성과 분별을 하는 자아(ego) 그리고 이를 넘어선 초자아(superego)가 있다고 프로이드는 말한다. 그는 이를 다시 리

비도의 이동에 따라 구강기, 항문기, 남근기, 잠복기, 성욕기로 나누며 심리 성적 발달 단계(psychosexual developmental stage)를 구분한다. 신체부위와 관계되는 3단계를 '전성욕기(progenital stage)'라 한다면 뒤의 두 단계는 이성 관계 등 사회적 활동을 통해 만족을 추구하는 '성욕기(genital stage)'로 구분하는 것이다. 헌데 이러한 것이 도덕과 윤리라는 이름으로 억압되면 일상생활 안에서 무의식적으로 다양한 형태로 드러나는 바, 프로이트는 꿈을 그 대표적인 현상으로 이야기한다.

프로이트는 꿈이란 억압(repression)된 현실을 '압축(preassure)' 또는 '전치(displacement)'하면서 새로운 이미지로 달리 드러내 보이는 흔적이라 한다. 의식의 검열 작용을 피해 삶에서 경험한 것을 여러 이미지를 중첩시키는 압축과 앞 뒤 순서를 바꾸는 전치를 통해 드러내는 것이 꿈이라 하는 것이다. 꿈의 이러한 메커니즘을 잘 이해하면, 그래서 꿈의 의미를 잘 해석하면 왜곡되고 변형된 정신의 문제를 해소해갈 수 있다고 하는 것이 프로이트의 주장이다. 그의 사상은 1899년에 발표한 『꿈의 해석 *Die Traumdeutung*』만이 아니라 『정신분석 강의 *Vorlesungen zur Einführung in die Psychoanalyse*』(1917), 『정신분석학 개요 *Abriβ der Psychoanalyse*』(1940) 등 수많은 작품 속에 잘 드러나 있다.

융

프로이트의 이러한 주장에 고무된 스위스의 카를 융(Carl (Gustav) Jung, 1875~1961)은 무의식이 단지 개인의 차원에서만 아니라 집단, 민족, 국가 등에 따라 달리 가지는 집단 무의식이 있다며 '원형 이론'을 주장하기에 이른다. 융의 이러한 주장은 『무의식의 심리 *Wandlungen und Symbole der Libido*』(1912)라는 저서를 통해 소개되는데, 이는 정신분석에서 해석의 다양성을 가져오는 계기로 작용하기도 한다. 그러나 현대의 정신분석학을 정점에 올려놓은 사람은 누구보다도 프랑스의 라캉이라 할 수 있다.

1932년 당시 시대에 풍미하던 초현실주의에 매료된 라캉은 편집증과 인격구조에 관한 연구로 박사학위를 받는다. 이후 정신분석학이 신경 생물학적으로 쏠리는 경향에 반대하여 언어학으로 관심을 돌린 라캉은 1936년 소쉬르의 언

라캉

어구조학을 토대로 한 그만의 독자적인 '거울 이론'을 제시한다. 1963년 일명 '로마 보고서'로 알려진 『정신분석학에서 언어의 기능』으로 관심을 불러 모은 라캉은 1966년에 그동안의 강의와 논문을 모아서 그의 대표 저서라 할 수 있는 『에크리 *Écrits*』를 출판한다.

그의 사상의 핵심은 '거울 이론'이다. 라캉은 우리들의 무의식이란 구조화된 의식이라며 프로이트의 의식과 무의식의 관계를 뒤집는다. 라캉은 발달과정과 연관하여 세계를 '현실계'와 '상상계', 그리고 '상징계'와 '실재계'로 구분하며 현실계는 시간적으로 선행할 뿐만 아니라 현상하는 사물의 세계로, 이 세계에서 자아는 탄생을 통해 처음으로 결여를 경험한다. 때문에 모든 것을 자기 안에 내면화시키려는 특징이 있는데, 이때 생존을 위한 욕구를 만족시키기 위한 성적 욕망이 누구에 의해서 어떻게 주어지는가에 따라 성적 자아가 각기 달리 형성된다며 라캉은 성의 정체성도 문화, 사회적으로 형성되어진다는 점을 피력한다.

우리가 살고 있는 이 현실세계를 모든 것을 이미지화하는 상상계로 설명하는 라캉은 이를 거울단계(mirror stage)로 본다. 이때 사람은 자신을 인식하기 시작하지만 진짜 자신과 보이는 상으로서의 자신과의 관계가 어떠한가에 따라 분열과 불안, 그리고 혼란을 겪기도 한다는 것이다. 다시 말해 참 자아를 소외시키며 거울에 비쳐진 상을 이상향으로 여기는 사람들은 결코 실현될 수 없는 꿈을 좇으며 있기 때문이라고 라캉은 이야기한다.

자아를 대상화하는 상상계와 달리 상징계는 실제로 주체가 거하는 세계이다. 우리는 소쉬르의 말처럼 기의와 기표 사이에 의미를 가지는 하나의 상징체계 안에 살아간다. 우리는 이 세계에서 우리보다 먼저 체계화되고 구조화되어 있는 상징체계 속으로 유입해 들어가는 것이다. 언어를 통해 구조화되는 상징계는 언어를 매개로 세계를 추상하는 것이며, 이는 언어가 실재하는 세계를 그대로 보여주지 못하듯이 상징계 역시 실재하는 세계를 온전히 다 드러내 보이는 것이 아니라 한다. 라캉에 의하면 우리는 단지 언어에 의해서 상징화되는 한에서 살고 이야기할 뿐이다. 상징계는 상징을 습득하며 학습하며 활용하는 능력을 다시 말해 타자와 더불어 사회, 문화를 형성하고 관습과 질서에 순종하는 세계이다. 이때 욕망은 '내'가 아닌 나 이외의 곳, 즉 상징체계에서 오는 것이다. 문화와 관습의 이름으로 서로의 욕망을 서로에게 투영하며 우리는 이 상징세계에 사는 것이다.

나무　　　　　　잠자리　　　　　　병아리

강아지　　　　　　아기　　　　　　꽃

언어로 구조화되는 상징계와 달리 실재하는 세계가 존재하는 것도 사실이다. 이 세계는 우리가 무엇으로 말하던 관계없이 존재하는 실재계이다. 우리 눈앞에 있는 펼쳐져 있는 이 실재계는 언어에 의해서 태어난 세계가 아니라 이와는 무관하게 그저 존재하는 세계이다. 이 세계는 누가, 어떻게 말하고, 생각하고, 이야기하며 기호화하는가와 아무런 관계가 없다. 그러한 면에서 언어는 실재를 드러내는 것이 아니라 가리기도 한다. 실재계는 언어화되고 기호화되기 이전의 세계로 우리는 이 실재계를 끊임없이 언어화, 기호화, 상징화하며 있다. 라캉은 바로 이 실재계를 보려고 시도한다. 그러나 끊임없이 실재에 가 닿으려 하는 욕망은 실현할 수 없는 욕망이기에 우리는 늘 욕망하며 있는 것이다. 다시 말해 부재를 통해 존재를 이야기하듯이 우리는 결핍을 통해 실재를 이야기하는 것이다.

실재는 상징계의 작용을 통해 모습을 드러내진 않지만 그렇다고 없는 것은 아니다. 실재는 언어화되지 못하고, 구조화되지 못하며, 논리적이지 못한 것, 비언어적인 것, 바로 그것이 우리의 실재이다. 그런 의미에서 이해하기 어려운 기괴한 이야기, 내면에 감추어져 있는 욕망들이 바로 우리의 실재라 할 수 있다. 이 이해할 수 없는 영역에 실재가 자리한다며 라캉은 우리가 실재를 자꾸 언어화하려는 한 실재는 드러나지 않는다 한다. 프로이트가 의식에 반하여 무의식에 중점을 두었다면 라캉은 무의식도 실은 의식에 의해 구조화된 것이라 한다. 우리들이 무의식이라 여기는 것도 실상은 사회구조에 의해서 내면화된 또 다른 의식일 수 있음을 이야기함으로 라캉은 페미니즘 정신분석을 비롯한 다양한 정신분석을 출현시키는 계기를 가져오기도 한다. 아주 최근에는 슬로

베니아의 슬라보예 지젝(Slavoj Žižek, 1949~)에 의해서 이러
한 주장은 또 다시 반박되면서 우리는 의식과 무의식의 상호
침투 속에서 변증법적으로 영향을 주고받으며 새롭게 형성
해간다는 주장이 제시되기도 한다.

자본주의 사회 이후를 내다보며

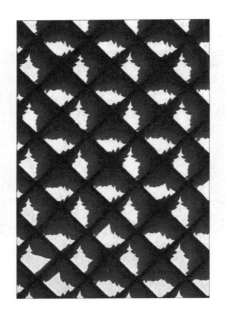

이외에도 현대철학은 예술을 통해서 그리고 새로운 영성을 강조하며 현대가 처한 문제들을 극복하려고 다양하게 시도한다. 그럼에도 불구하고 소비의 형이상학과 대중 권력으로서의 문화매체, 세계화라는 이름의 문화 전체주의, 소수 인종과 언어의 사라짐은 물론 아주 오래전부터 이어져 오는

종교와 인종과 민족, 그리고 부의 편중에 따른 문제들을 비롯하여 자본주의 이후의 시대와 현대 과학기술문명과 후기 자본주의사회가 결합하여 만드는 다음 인간과 같은 테크놀로지 등에 대해 다각적으로 문화평을 하는 흐름도 있다.

보드리야르

그러한 사람들 중 한 사람이 프랑스의 장 보드리야르(Jean Baudrillard, 1929~2007)일 것이다. 그는 과학화, 자본화, 정보화, 다양화, 세계화 등 현대사회를 일컫는 많은 말들의 중심에 소비문화가 자리한다며 이 모두는 사람들의 삶을 편리하게 하고 용이하게 하기도 하지만 실은 우리의 소비를 증대시키고자 하는 또 다른 방법, 수단, 기획, 책략에 지나지 않기도 하다는 것을 분명히 한다. 우리는 하루도 상품을 소비하지 않고는 살 수 없는 그야말로 소비사회에서 '나는 소비한다. 고로 존재한다'는 소비의 주체로 살아가고 있음을 이야기한다. 그가 1970년에 쓴 그의 대표작이기도 한 『소비의 사회 *La Société de Consommation*』는 바로 이러한 문제에 대해 아주 자세히 서술하고 있다 그는 현대사회는 상품을 만들고 팔고 소비를 위해 체계도, 구조도, 제도도, 도덕도 만들어 간다며 현대인은 소비를 진리로, 선으로, 미로 여기는 소비의 형이상학을 신앙하는 종교인이라 한다. 소비를 하면서 존재의미를 느끼고, 소비를 통해 교류하고, 소비로 평가하는 다시 말해 우리 모두는 소비를 위한, 소비에 의한, 소비의 삶을 살고 있다고 보드리야르는 이야기한다. 그는 이 책에서 근대 이후 과학의 발달로 인하여 가능해진 기술의 축적과 결합한 거대한 자본으로 형성된 현대사회에서는 더 이상 필요에 의해 상품을 생산하거나 소비하지 않는다고 한다. 물질의 풍요와 편리함에 길들여진 사람들은 더 이상 필요 가치나 교환 가치에 의해서가 아니라 자신의 선호도에 따른 '기호 가치'를 소비하기 때문이라며 장 보드리야르는 현대사회에서 소비가 가지는 의미에 대해 천착해 들어간다.

그에 의하면 현대인은 물건을 필요해서 만들거나 구입하거나 소비하는 것이 아니라 단지 좋아서, 기분으로, 자기가 원하는 이미지를 위한 소비, 즉 기호 소비를 한다는 것이다. 현대인은 더 이상 자연환경이 아닌 상품에 둘러싸여 이것저것을 소비하는 상품세계 속에 살아가는 존재라는 것이다. 장 보드리야르는 상품에 둘러싸여 사는 우리는 우리가 물건을 선택하며 사는 것 같지만 실은 선택당하고 있다며, 우리는 더 이상 생각하는 주체가 아니라 상품을 소비할 권리와 자유만 있는 '소비하는 주체'라고 한다. 같은 것을 반복해서 보고 듣고 마주하게 되면 그것을 사야만 할 것 같은 강박관념을 가지고 사는 것이 우리라는 것이다. 문제는 우리가 그렇게 되도록 조직적으로 사회가 그렇게 구조되어 있다는 데 있다.

자본주의는 소비의 동력에 의해서 지탱되는 사회로, 자본으로 공장을 짓고 상품을 생산할 수 있는 기계 설비를 갖추고, 생산된 상품을 소비하고, 다시 그 자본에 의해 상품을 다시 만들고 또 소비하는, 그야말로 생산과 소비의 시스템에 의해 사회가 유지·발전되는 사회이기 때문이다. 때문에 소비가 제대로 이루어지지 않으면 생산-소비의 사이클에 문제가 생겨 사회전반에 어려운 일이 생기므로 자본주의 사회는 모든 수단과 방법을 동원해 소비를 독려해나간다. 즉 소비가 곧 미덕이고 잘사는 것이고 행복이라는 관념을 심어가는 것이다. 이때 광고의 교활함은 도처에서 시장의 논리를 〈카고(Cargo)의 주술〉로 대체한다며, 보드리야르는 자본주의는 더 많은 소비를 더 많은 사람들이 할 수 있도록 유행을 만들고, 남녀 구분을 해체하기도 하며 대상과 범위를 넓혀 급기야는 세계를 시장으로 만들어간다고 이야기한다.

현대사회는 그것만이 아니라 시장의 확대를 위해 모든 것들을 상품화하기도 하고, 남녀노소를 불문하고 누구나 잉여 소비를 하는 소비자로 만들어간다. 현대사회에서 이러한 소비의 전략은 대부분 대중매체를 통해 행해진다. 대중매체의 대중스타들에게 이미지를 입히고 이들의 이미지가 가지는 환상을 소비하도록 독려하는 것이 현대소비사회이다. 장 보드리야르는 환상을 심어주는 이러한 이미지를 가리켜 시뮬라크르(simulacre)라 하고 그에 의해서 작동되는 현상을 '시뮬라시옹(simulation)'이라 부른다. 실제로는 존재하지 않지만 마치 존재하는 것처럼, 그러나 존재하는 것보다 더 생생하게 힘을 발휘하는 이미지에 의해서 지배되는 사회에서는 무엇이 사실인가 무엇이 실재인가는 중요하지 않다. 사람들은 오로지 대중매체에 의해서 뿌려지는 이미지를 열망하며 소비하기만을 추구한다. 실재하지 않은 그것을 마치 실재하는 것인 양 착각하며 열망하는 사람들은 실재하지 않은 것을 욕망함으로 더욱 욕망하게 되는 소비의 욕망기계로 바뀌어 가게 된다는 것이 그의 주장이다.

그에 따르면 개인적이고 개성적일 것 같은 사람들은 기술적 매체에 따른 표준적인 '짐 꾸러미(standard package)'를 선호하며 이를 통해 자신을 표현하고 존재의미를 찾는다. 그리하여 사람들은 모델들의 무표정한 모습처럼 자신을 잃고 특정 상품이 주는 동일한 기호체계가 가지는 이미지 아래에서 자기를 소속시키며 자기를 대신하는 기호 – 지위, 직업, 명함을 위해 전력투구할 뿐이라 한다. 채워지지 않는 결핍을 상품을 통해서 채워가고자 하는 사람들의 잘못 방향 지어진 습관으로 인하여 사람들은 자신의 모든 삶을 송두리째 내맡겨야 하는 것이다.

이는 다시 말해 점점 더 많은 것을 소비하기 위해 더 많은 시간 동안 일을 해야 하는 것을 뜻한다. 배고픔이 문제가 아니라 이제는 과잉된 피로가 문제라며 보드리야르는 피로를 '잠재적 이의 주장(contestation)'이라 부른다. 자기 자신의 밖으로 향할 수밖에 없는 사람들의 의견, 즉 자신의 육체에 깊이 파고드는 이의 주장, 그것이 피로라 하는 것이다. 모든 것을 빼앗긴 사람들에게 육체는 일정한 조건하에서 그들이 공격할 수 있는 유일한 대상으로, 피로는 수동적인 거부 형태라 할 수 있다. 그런 의미에서 피로는 잠재적 폭력이라 한다. 목적도 의미도 없는 일에 내몰린 사람들은 점점 지쳐가기 마련이며, 사람들은 이를 위해 한편으로는 더 강도 높은 흥분제로 삶의 의미를 고양시키려 하기도 하고, 또 다른 한편으로는 무기력증에 빠져버림으로 스스로 자해하기도 한다. 이러한 현대인의 모습은 개인적이고 우연적 사건이 아니라 사회구조에서 오는 폭력이라고 장 보드리야르는 말한다.

그는 현대 소비사회는 그런 의미에서 단지 자원의 고갈, 환경파괴만이 아니라 결국에는 사람이 사라지는 사회를 낳게 될 것이라 경고한다. 그는 죽기 직전 2007년에 쓴 『사라짐에 대하여 *Pourquoi tout N'a-t-il pas Déjà Disparu?*』에서 그는 우리에게 지금이라도 잠시 멈추어 서서 사람이 살아가는 사회를 위해 우리가 무엇을 어떻게 해야 할 것인가를 생각해보아야 한다며 그럴 수 있을 때만이 우리에게 희망이 있다고 이야기한다. 종말은 세계의 종말이 아닌 인간의 종말일 것이라는 그의 이야기는 지금 우리에게 매우 중요한 갈림길에 서 있음을 이야기한다. 그밖에도 1968년에 발표한 『사물의 체계 *Le Système des Objets : la Consommation des Signes*』와 『시뮬라시옹: 포스트모던 사회문화론 *Simulacres et Simulation*』 등을 비롯한 그의 모든 저서에서 장 보드리야르는 자본주의 사회가 가지는 문제만이 아니라 그 이후 사회에 대한 염려로 가득하다.

뿐만 아니라 칼 폴라니(Karl Polanyi, 1886~1964)를 비롯한

많은 현대의 지성은 자본주의 시대 이후에 대한 문제에 대해 본격적인 논의를 해나간다. 그리고 2차 대전 이후 미래에 대한 염려를 넘어 하나의 대안을 강구하고자 하는 미래학(futurology)이 태동되기도 한다.

미래학은 글자 그대로 미래에 대해서 연구하는 학문이라 할 수 있지만, 현대에서 말하는 학문으로서의 미래학은 이전 시대가 취했던 미래에 대한 단순한 기대나 호기심에서가 아니라 인류의 위기의식에서 출발되었다는 데에 주목할 필요가 있다. 자원의 고갈과 생태학적 변화와 한계 등과 같이 불확실한 미래사회를 위해 체계적으로 연구하려는 미래학이 지금까지는 사회과학의 한 범주에서 간학문간 통합적 학문의 형태를 띠어왔다면, 1990년대 이후에는 사회과학과 인문과학의 연대 속에서 철학적인 직관과 전망, 그리고 예측비판에 의한 요구가 증대되고 있다. 역사란 회귀하는 미래이며 철학은 이에 관한 것이기 때문일 것이다. 유비쿼터스, 다음인간 등과 같이 생명공학과 기술과학산업 등으로 점점 더 초래되는 미래사회에 대한 염려와 기대는 철학의 역할과 지혜가 얼마나 중요한 것인가를 반증하는 일이라 하겠다.

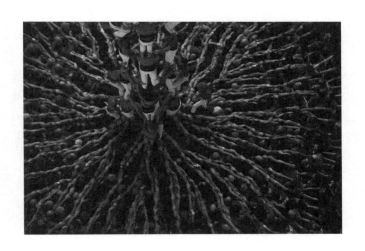

부, 관계, 선택에 관한
숨겨진 보물 같은 인생 수업

KBS [TV, 책을 보다] 선정 도서
한국경제 , 교보문고 선정 대학생 추천 도서

내 안에서 나를 만드는 것들

애덤 스미스 원저, 러셀 로버츠 저
15,000원

『내 안에서 나를 만드는 것들』은 『국부론』의 저자 애덤 스미스가 평생을 걸쳐 완성한 명저 『도덕감정론』을 쉽게 풀어 쓴 책이다. 원저가 주는 깊이와 감동을 동일하게 느낄 수 있도록 핵심과 정수를 고스란히 담았다. 이 책은 오늘날을 살아가는 우리에게 가장 필요한 '인생 예습'이자 '인생 수업'이라고 할 수 있다. 더 나은 삶, 잘 되는 나를 만들기 위해서 반드시 필요한 것들을 내 안에서 찾을 수 있을 것이다.

빌 게이츠, 오바마 등
세기의 인물들이 꼽은 인생 책!

추천사

세계 지식의 역사상 가장 중요한 책 중 하나다!

– 아마르티아 센 (노벨 경제학상 수상자/하버드대 교수)

정답 없는 세상에서 인생의 해답을 얻고 싶어 하는 이에게 이 책을 권한다.

– 경향신문

전 세계 1800만 독자를 감동시킨
『오두막』월리엄 폴 영 신작!

미국 내 '초판 100만 부 제작, 출간 8주 남짓 만에
전량 소진'이라는 이례적 기록
국내 출간 직후 주요 서점 종합 베스트셀러!

갈림길

윌리엄 폴 영 지음, 이진 옮김
6,000원

『갈림길』은 우리 모두가 성공한 삶이라고 여기는 40대의 사업가 앤서니 스펜서의 이야기다. 냉철한 판단력으로 오직 성공으로 향하는 길만 선택해온 그는 어느 날 갑자기 혼수상태에 빠지고 그의 앞에 인생 마지막 갈림길이 나타난다.

삶의 갈림길을 마주한, 한 남자의 아름다운 선택
그곳에선, 모든 기쁨과 슬픔이 하나가 된다

추천사

갈림길에 직접 서지 않고도 진실에 가닿을 수 있게 해주는 것만으로도 이 책의 역할은 충분하다.

— 이어령 (문학평론가, 초대 문화부 장관)

저자의 예리한 통찰과 표현력, 역자의 멋진 번역이 어우러져 더욱 빛을 발하는 이 책『갈림길』은 우리에게 오늘을 살아가는 지혜와 잔잔한 내면의 기쁨을 선사할 것입니다.

— 이해인 (수녀, 시인)

세기의 철학자들은
무엇을 묻고 어떻게 답했는가

초판 1쇄 인쇄 2014년 10월 15일
개정판 1쇄 발행 2019년 2월 20일

지은이 박남희
펴낸이 최윤혁

기획편집 김고은·유진영
전략기획 최동혁·이건우·남아라·차규락
전략영업 김두홍
디 자 인 김진희

펴낸곳 (주) 세계사 컨텐츠 그룹
주소 06071 서울시 강남구 도산대로 542 우산빌딩 8층
전화 02-6332-8080 팩스 02-6499-2802
이메일 info@segyesa.co.kr
홈페이지 www.segyesa.co.kr
출판등록 1988년 12월 7일(제406-2004-003호)
인쇄·제본 현문

ⓒ박남희, 2014. Printed in Seoul, Korea

ISBN 978-89-338-7035-8   03100

• 저자와 협의하여 인지를 붙이지 않습니다.
• 책값은 뒤표지에 표시되어 있습니다.
• 이 책 내용의 전부 또는 일부를 재사용하려면 반드시
  저작권자와 세계사 컨텐츠 그룹 양측의 서면 동의를 받아야 합니다.